写真でも言葉でも伝えられない。
次々に離陸するバルーンの美しさ。

唐津・鏡山頂上展望台からの眺望。
下に虹の松原。島は高島。

武雄温泉駅の近くにひっそり立つ「塚崎の大楠」。千年の命。

立岩展望台から嬉野の街全貌が見える。
眼下に見えるのは茶畑。

行こうとすると必ず雨で、
最後の最後に行けた吉野ヶ里遺跡。

浜野浦の棚田。ここから見る夕日も
絶景らしいが、まだ見てない。

「もとむら」玉子ラーメン（鍋島）

「三九ラーメン」ラーメン（鳥栖）

「来来軒」ラーメン（神崎）

「山ちゃん」名物うどん（佐賀）

「中央軒」ごぼう天うどん（鳥栖駅）

「来久軒」卵ラーメン（武雄）

「山城屋」ちゃんぽん（唐津）

「だるま寿司」いちご寿司（白石）

「だるま寿司」アスパラ太巻（白石）

「次郎長」焼きめしと豚汁（太良）

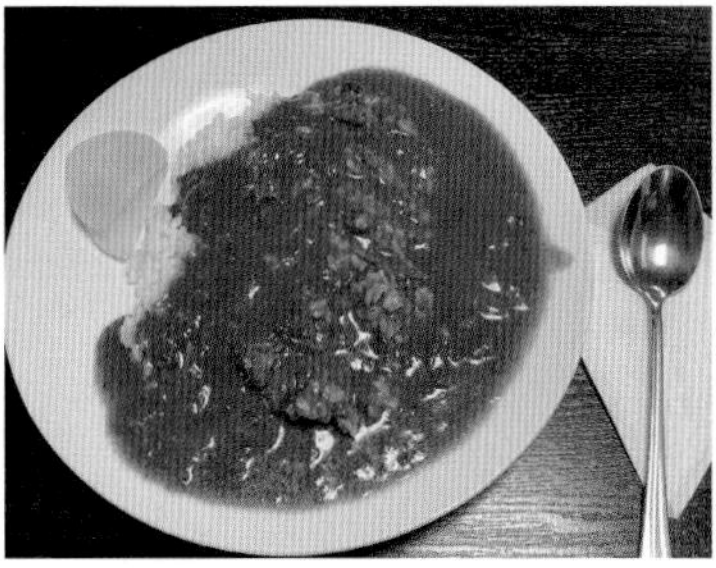

「金時食堂」カレーライス（肥前浜）

「みやこ食堂」オムライス（唐津）

「住ノ江炭火かき家山崎」カニ汁（小城）

「南吉」焼き餃子
二人前（佐賀）

「佐州屋」トマト豚巻（伊万里）

「あん梅」造り盛合せ（武雄）

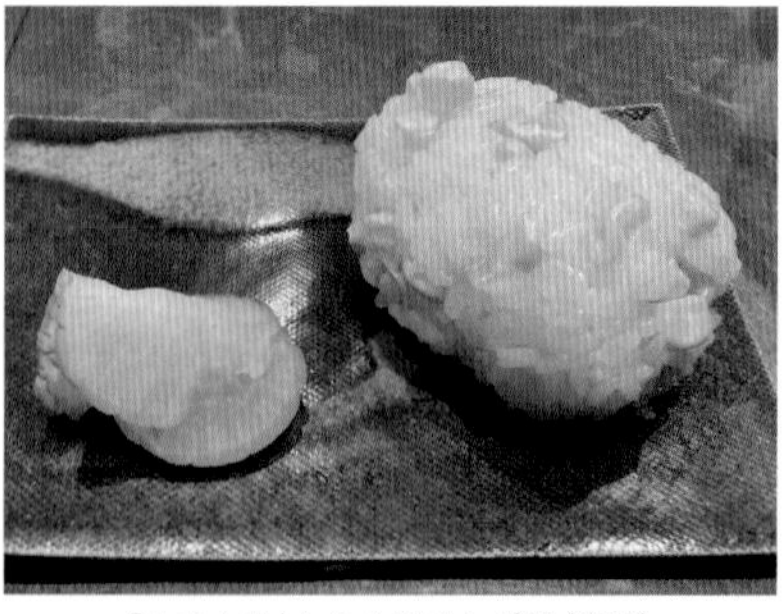

「たまとり」とうもろこしご飯（唐津）

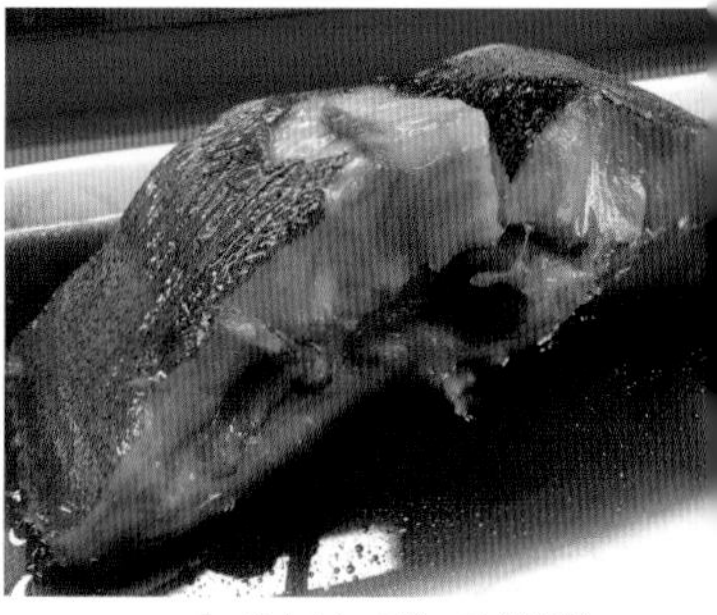

「つや」カレイ煮つけ（唐津）

「宝来軒」にて（神埼）

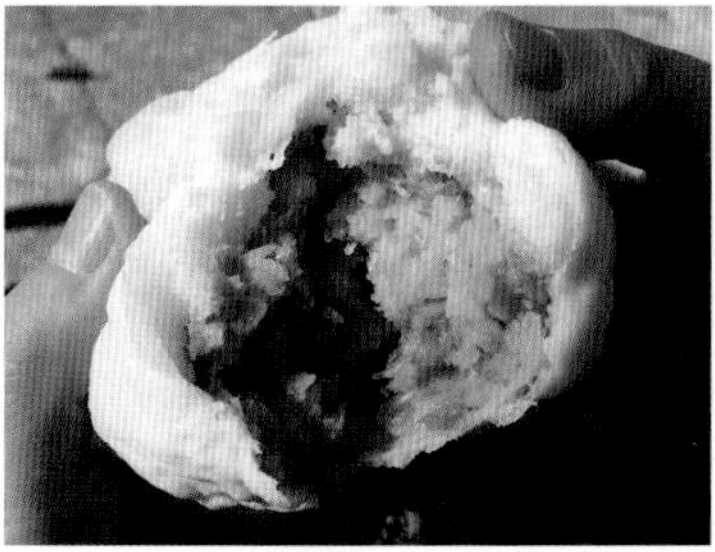
「鶴乃堂本舗」肉まん（佐賀）

「一平」おしるこ（佐賀）

「金時食堂」TVで偶然…（肥前浜）

「八幡」英語話せる女将（佐賀）

「山口お好み屋」焼きそば（岩屋）

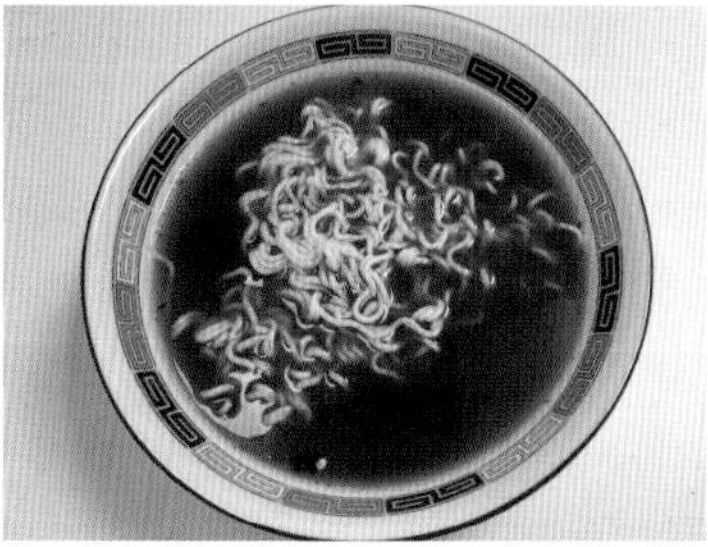
作ってびっくり「エイリアンラーメン」（お土産）

「南吉」ご夫婦と（佐賀）

最高にかっこいい武雄図書館。通いたい。（武雄温泉駅）

塩田津の味わいある家並み（嬉野市）

佐賀平野といえば、独特のクリーク（用水路）。実は雷魚釣りのメッカ

わたしの旅ブックス
054

新・佐賀漫遊記

久住昌之

産業編集センター

まえがき——マグカップから始まった

そもそも佐賀に通うきっかけは、一個のマグカップだ。

二〇一七年、知り合いのミュージシャン青柳誠さんに頼まれ、彼の似顔切り絵を切った。オリジナルマグカップにプリントするためだ。そのカップが佐賀の有田焼の陶器だった。

しばらくして、完成したマグカップを手渡された。これだ（写真）。

美しい白磁に、ボクの切り絵が明るい藍色で焼き付けられていた。

へぇ、きれいだな、切り絵が陶器になると

佐賀通いのきっかけになった切り絵マグカップ

こうなるのか、と嬉しくなった。

　すると、その場にいた青柳さんのミュージシャン仲間YさんとUさんが、

「興味があったら、窯元見学がてら、嬉野《うれしの》に遊びに行きませんか」

　と言った。彼らは有田に近い嬉野で音楽とは別の仕事をしていて、しばしば佐賀と行き来していたのだ。嬉野も陶器の里で、有名温泉地でもあるという。

　しかも、成田からならなんと一万円以下で、佐賀までダイレクトに行ける航空チケットがあるんだそう。そんなに安くいけるの？　あまりにも意外。

　佐賀県には数年前に一度行ったことがある。でも取材で有田を半日ほど歩いただけだ。観光はほとんどしていない。その時は飛行機で博多に行き、そこから列車で行った。

　安く直行できて、温泉と焼き物、という誘いにグッときた。できたら現地で陶器の絵付けもしてみたい。

「行きます行きます」

　と即答した。

　そして、翌月にはもう嬉野に行った。

　嬉野で訪ねた窯元は、肥前吉田焼だった。初めて聞いたが、有田焼と同じ四百年の歴史

があるという。同じ白い磁器で、ボクには有田焼と見分けがつかなかった。

窯元の主人は、辻諭さんという当時四十歳のやさしい目をした大柄な人だった。辻さんは初心者のボクに、いきなり陶器の絵付けをさせてくれた。

これはもう、ただ楽しい。絵描きというのは、新しい画材を試すのが大好きだ。すぐに時を忘れて夢中になった。

終わってからの嬉野温泉も、お湯がすごくよかった。

湯上がりのビールと、佐賀の地酒も旨かった。

翌朝の温泉湯豆腐も、まったく知らなかった味でおいしかった。

初体験連続の旅をして東京に戻り、忘れた頃に焼き上がった器が届いた。

初絵付けの器には、思いがけずいいのもあり、ガッカリなのもあった。嬉しさと悔しさで、すぐにでも佐賀に飛んでいきたくなった。もっともっと絵付けしたい。

こうして、ボクの佐賀通いが始まった。

絵付けのついでに、いろんな場所に行った。そして毎回、知らない佐賀に驚き、それを楽しんだ。それが次の佐賀旅に繋がっていった。そのうち絵付けをしない旅も増えた。

九州に仕事があれば、これ幸いと佐賀まで足を伸ばした。

そんな佐賀通いが気がつけば、コロナ禍を挟んで足掛け六年になっていた。小学校なら卒業だ。

この本はボクの、〝佐賀小〟の卒業文集のようなものだ。

佐賀の観光ガイドにしたくないので、時系列でなく思い出したことから、お話しするように書いていきたいと思います。

ボクの旅に同行してるように楽しんでいただけたら、ウレシ野温泉。

まえがき――マグカップから始まった……002

第一章　よらん海にて……015

第二章　肥前吉田焼の絵付け
〈その一〉絵付けを始める……026
〈その二〉絵付けを始めて、変わったこと……032
〈その三〉オリジナル箸置きを作った……036
〈その四〉コロナの時代、箸置きを作りまくる……041

第三章　佐賀ラーメン紀行……047
「もとむら」と「いちげん。」／「大臣閣」佐賀市諸富町／「来来軒」神埼市神埼町／「来久軒」武雄市武雄町／「三九ラーメン」鳥栖市京町／「まるぞの」鳥栖市本町／「駅前ラーメン　ビッグワン」佐賀市駅前中央／「井手ちゃんぽん　本店」武雄市北方町／「山城屋食堂」唐津市紺屋町

【番外　インスタントラーメン編】
むつごろうラーメン／エイリアンラーメン／鹿島ヌードル

第四章　佐賀の温泉巡り
〈その一〉武雄温泉……070
〈その二〉嬉野温泉……077
〈その三〉古湯温泉……087
〈その四〉野田温泉……092
〈その五〉いろは島温泉……097
〈その六〉祐徳温泉……100
〈その七〉平谷温泉……105

第五章　佐賀の名産を食べる、知る
〈その一〉有明海苔と海苔漁……112
〈その二〉佐賀の農家を訪ねた……124

〈その三〉白石で野菜寿司を食べた……134
〈その四〉とうとう佐賀牛を食べた……139
〈その五〉牡蠣も焼いた、呼子のイカも焼いた……148

第六章　ついにバルーンフェスタを見た！

〈その一〉ボクにとっての前夜祭、夜間係留イベント……158
〈その二〉感動の一斉離陸……167

第七章　佐賀の食べもの屋編

〈その一〉唐津の高架下「つや」……174
〈その二〉唐津線無人駅の「山口お好み屋」……179
〈その三〉自転車で神埼そうめんを食べに……186
〈その四〉九時十三分に開くうどん屋……191
〈その五〉鳥栖駅ホームの立ち食いうどん……196

〈その六〉名護屋城からの「サザエのつぼ焼き売店」……200
〈その七〉佐賀市内の餃子店「南吉」……205
〈その八〉太良の「次郎長」……209

第八章　佐賀のお友だち……215

第九章　佐賀忍者村、夢街道……223

第十章　進水式を見て、宴会で演奏……233

第十一章　コロナ禍の佐賀旅日記

〈六月十六日〉……246

博多から電車で唐津へ／オムライスを食べて「いろは島温泉」へ／松浦鉄道で伊万里に向かう

〈六月十七日〉……254
大川内山を歩き、聞き、想い、絵付け／伊万里駅の餃子と焼きそば／七年ぶり、有田思い出の食堂を訪ね、武雄へ
〈六月十八日〉……268
大楠を見に行く
最終章　コロナと絵付け……277
あとがきあるいは謝意……286

佐賀県ってどこにある？
〜著者が漫遊した佐賀県の主な町

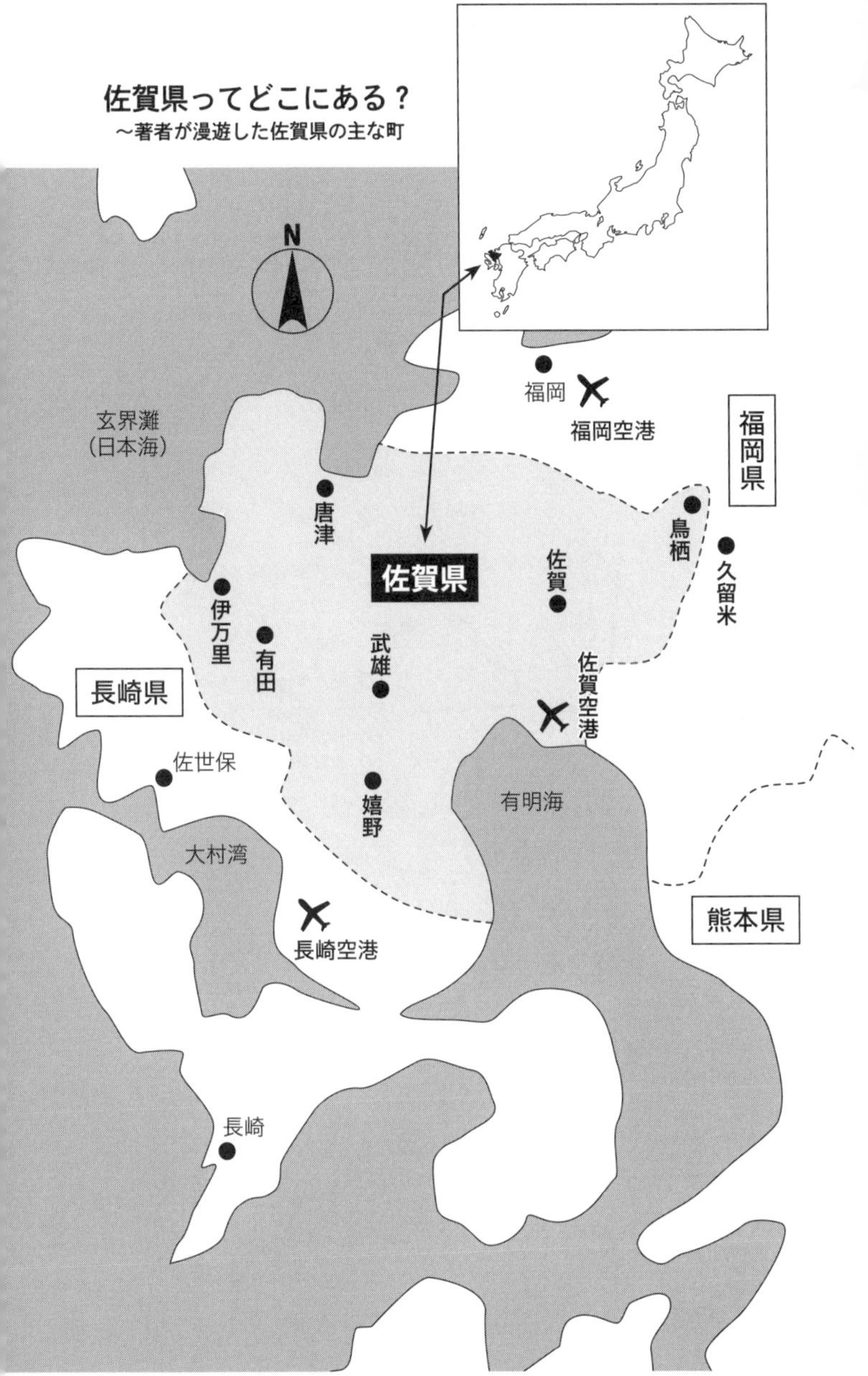

本書に登場する漫遊地MAP

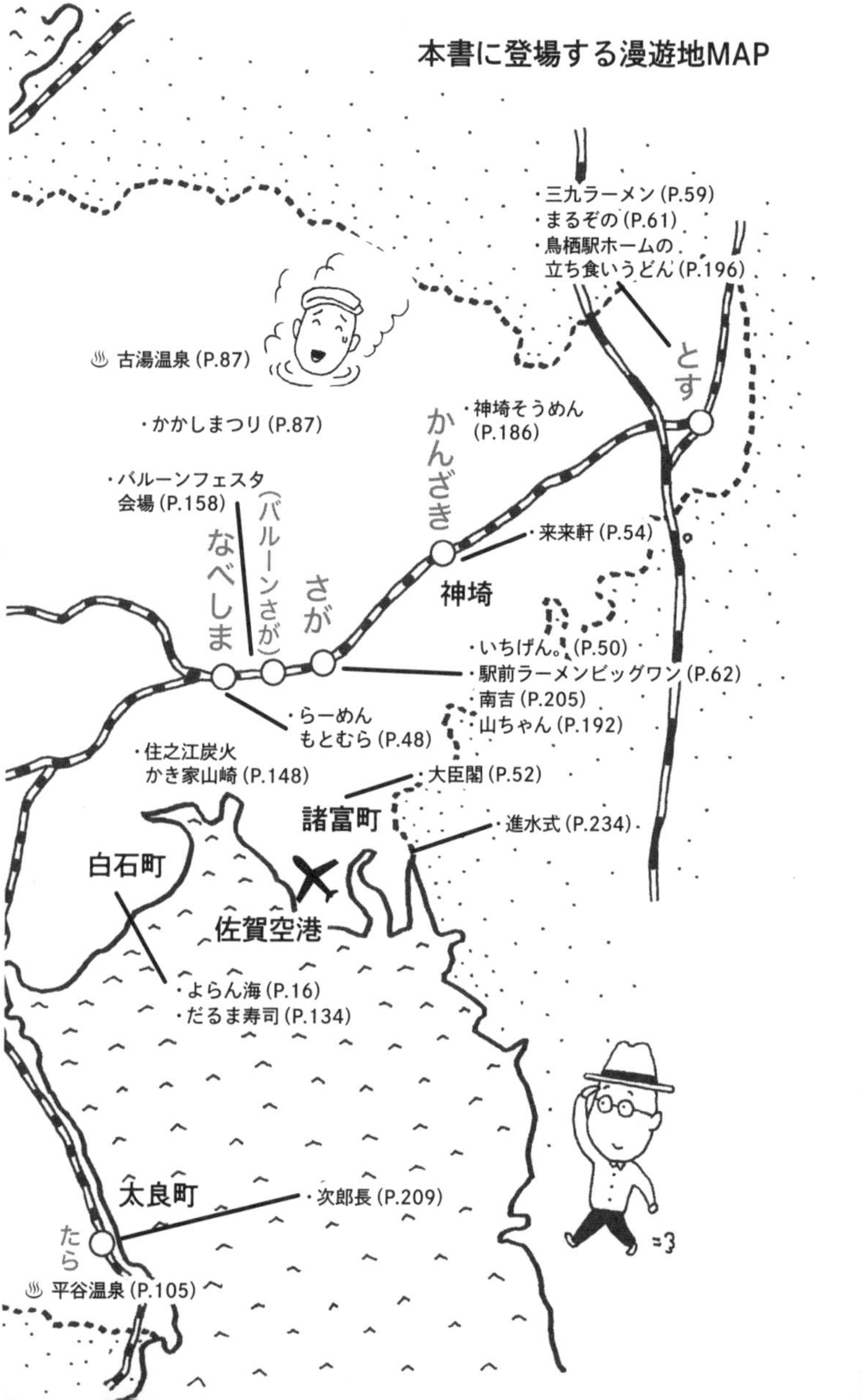

・三九ラーメン (P.59)
・まるぞの (P.61)
・鳥栖駅ホームの立ち食いうどん (P.196)
とす
♨ 古湯温泉 (P.87)
・かかしまつり (P.87)
・神埼そうめん (P.186)
かんざき
・バルーンフェスタ会場 (P.158)
(バルーンさが)
なべしま
さが
・来来軒 (P.54)
神埼
・いちげん。(P.50)
・駅前ラーメンビッグワン (P.62)
・南吉 (P.205)
・山ちゃん (P.192)
・らーめんもとむら (P.48)
・住之江炭火かき家山崎 (P.148)
・大臣閣 (P.52)
諸富町
・進水式 (P.234)
白石町
佐賀空港
・よらん海 (P.16)
・だるま寿司 (P.134)
太良町
・次郎長 (P.209)
たら
♨ 平谷温泉 (P.105)

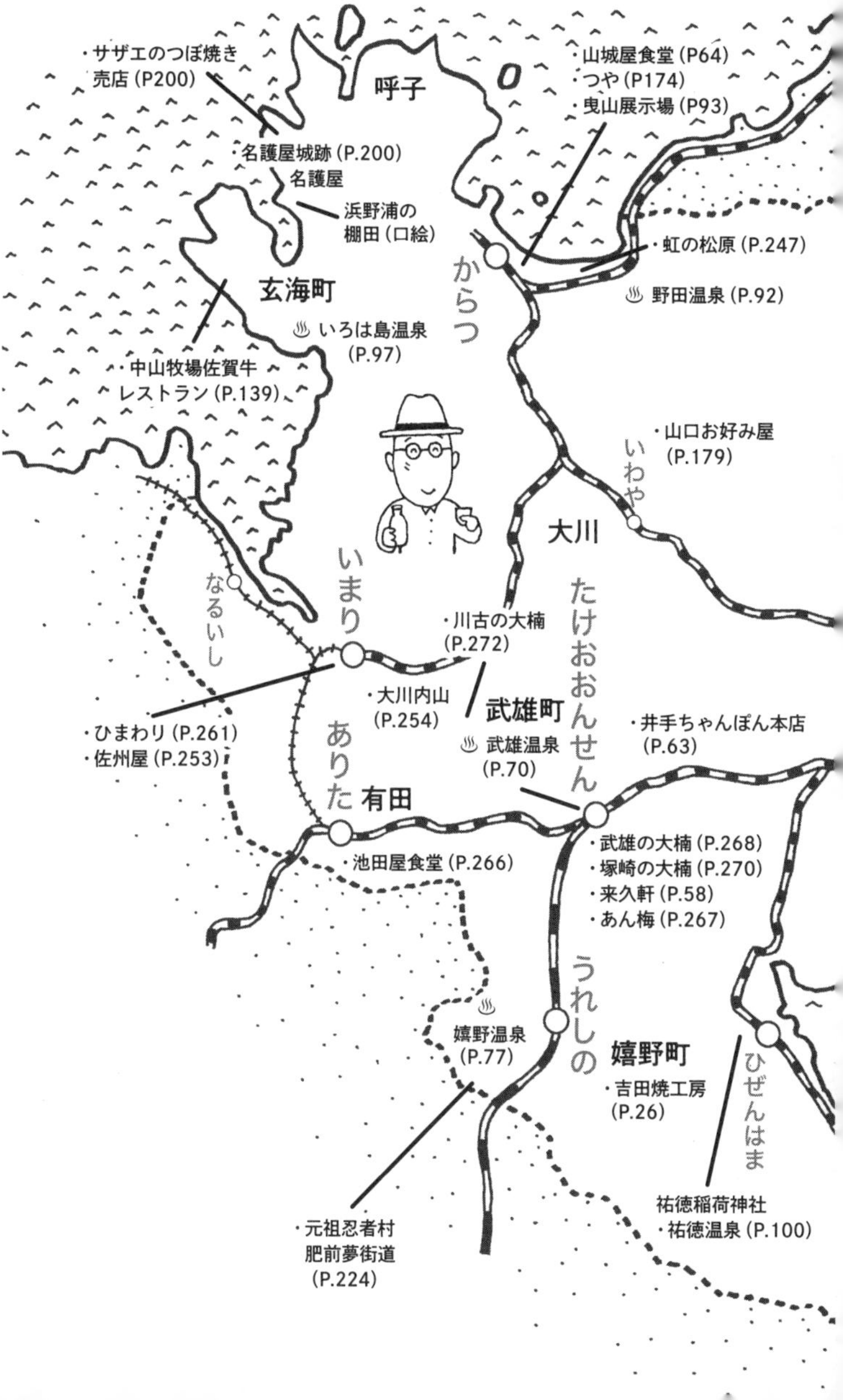

・サザエのつぼ焼き
売店（P200）
呼子
・山城屋食堂（P64）
・つや（P174）
・曳山展示場（P93）
名護屋城跡（P.200）
名護屋
浜野浦の
棚田（口絵）
・虹の松原（P.247）
野田温泉（P.92）
からつ
玄海町
いろは島温泉
（P.97）
・中山牧場佐賀牛
レストラン（P.139）
・山口お好み屋
（P.179）
いわや
大川
いまり
なるいし
・川古の大楠
（P.272）
たけおおんせん
・大川内山
（P.254）
武雄町
武雄温泉
（P.70）
・井手ちゃんぽん本店
（P.63）
・ひまわり（P.261）
・佐州屋（P.253）
ありた
有田
・池田屋食堂（P.266）
・武雄の大楠（P.268）
・塚崎の大楠（P.270）
・来久軒（P.58）
・あん梅（P.267）
うれしの
嬉野温泉
（P.77）
嬉野町
・吉田焼工房
（P.26）
ひぜんはま
祐徳稲荷神社
・祐徳温泉（P.100）
・元祖忍者村
肥前夢街道
（P.224）

〔イラスト〕久住昌之　〔地図作成〕西野直樹

第一章　よらん海にて

看板には店名がなく、暖簾に「よらん海」
てことは、準備中は店名不明になる

まずは、六年前に佐賀で初めて入った、忘れられない食べもの屋のことを書こう。

佐賀空港から、車で嬉野に向かう道沿いにある「ようらん海《かい》」だ。

ボクは運転免許を持っていない。だから、佐賀通いの最初の頃は、ボクを嬉野に誘ってくれたYさんとUさんが借りたレンタカーで、いろんな場所に連れて行ってもらった。

佐賀に知り合いができると、その人たちに運転をお願いするようにもなった。

佐賀は、土地勘ゼロの初心者が鉄道旅をするにはちょっと不便なのだ。

今では、電車やバスや温泉タクシー（安い）をうまく利用できるようになった。

話がそれた、ようらん海だ。いいジャケット（店構えのミュージシャン的表現）でしょう？「お食事処」という看板に店名はなく、暖簾にのみ「ようらん海」。少し不思議。

これはジャケ食いだ（店構えだけで入店を決め、食べること）。

店の前でスマホを出して、この店がどんな店か検索するような、野暮な真似はしない。

直感勝負。スリルサスペンスである。その冒険も旅の醍醐味。

店名は、後で知ったが「この店に、寄らんかい？」のダジャレらしい。

うーん、ダジャレとわかりにくい。だがわかりにくいことで、意味不明なインパクトが

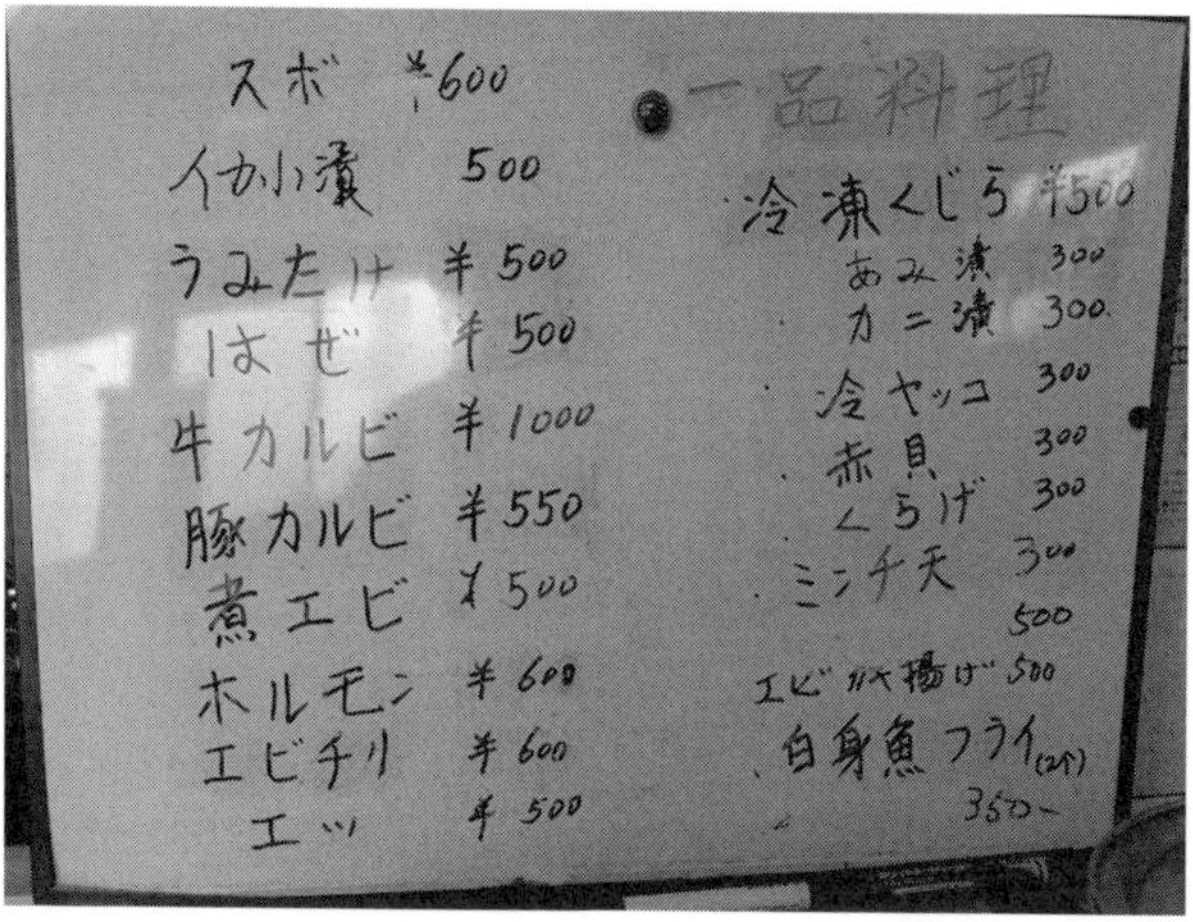

「よらん海」の本日のおすすめが並ぶホワイトボード

出ちゃってる。なに、よらん海って？　ギュッと心を摑まれた。

入ってみると、生姜焼き定食からカツ丼、焼きめし、ちゃんぽん、うどんと、なんでも揃う昔ながらの定食屋というか食堂だった。

壁に貼ってある短冊メニューで、まず目に留まったのは「くちぞこ定食」。なにそれ？　くちぞこ？　靴底？（のちに、それが本当だと知った。くちぞこは、シタビラメのことだった。なるほど靴底に似ている）

でも、ボクはこういう古い食堂が大好物なので、すぐに「アタリ！」と心の中で小躍りした。ちょっと雑然としたところも、地元個人店らしくて好印象。

壁に、店主が釣ったのであろう、大きな魚拓が貼ってある。それが古びてて、味だ。

午後一時過ぎに入ったが、三組ぐらいの先客がいた。

土曜日のせいか、この時間からビールやサワーを飲んでいるオッチャンたちもいる。

ボクは飲食店の黒板に目がない。店の本日のおすすめ。その書き文字から味わう。

黒板ならぬホワイトボードを見ると、いきなり知らない品名が並んでいる。

「スボ」

「エッ」

「うみたけ」

なにそれ。YさんとUさんも知らなかった。嬉野では見ないという。とりあえず瓶ビールで喉を潤し、店のおばちゃんに、

「すいません、スボってなんですか?」

と聞いた。そしたら、

「スボはねぇ、なんと言ったらいいのか……」

と、困ったような顔をして口ごもっているので、

「魚ですか？」

と聞くと、

「魚……というか、あのー、あれ……エーリアンのようなものです」と言う。

なんじゃそりゃ。エーリアンって、エイリアン？　あの、映画の？　なにか深海のグニュグニュしたウミウシ的な生物だろうか。

わからないまま、それはどうやって食べるのですか、と聞くと油炒めでおいしいという。

怖いもの見たさで頼んでみた。

すると、おばちゃんは調理場に戻って、調理前のスボを持ってきてくれた。

それは二〇センチくらいの長ヒョロい固くなったスボの干物だった。だがその頭部を見た途端、

「うわっ、ホントにエイリアンなんですね！」

とボクは思わず笑いながら声を上げていた〈写真〉。

「エイリアンのような」というのは、気持ち悪い生き物の比喩だと思った。

しかしその実物は、「のような」ではなく、「もろ」エイリアンだった。

おばちゃんの見せてくれたスボ（ワラスボ）の干物５匹

長い頭にこの牙！　目も無いし。こんな魚、見たことがない。これがスボか。

やがて、調理されて出てきたものは、ピリ辛でパリサクして香ばしく、おいしかった。これは好きだ。よく見ると頭部もしっかり入っていて、そこもパリパリ食べられた。ビールのつまみにとてもよい。

東京に戻ってから調べてみた。

スボは、一般的には「ワラスボ」と呼ばれている。ハゼの仲間で、大きくなると体調は四十センチにもなる。日本では有明海にのみ生息している。泥の中にいるので目は退化し、鱗も退化して少ししか無い。干物を炙ったり揚げたりして食用になる。新鮮なものは生でも食べられるらしい。でもこのお刺身、積極的に食べたいとは思わない。

エツの唐揚げ。これは東京でも食べたい

佐賀でまさかエイリアンを食べるとは。

そして、エツ。

これも有明海のごく一部でしか取れない魚だそうだ。ペランと平たい小魚。

唐揚げにして塩を振られて出てきた。これがまたサクサクして、軽い風味でウマイ。食べ始めたら、ポテトチップスのように手が止まらない。これはビールもう一本だ。大いに気に入った。

あとで知ったが、唐揚げにするのはエツの幼魚で「エツコ」とも呼ばれるものだそうだ。

うみたけは、佐賀の人が口を揃えて「グロテスクな貝」と言う。

ウミタケ（オオノガイ・ニオガイ科）

要するに、八センチくらいの貝殻から、その四〜五倍の太い水管が、常時出ている。日本では有明海だけに生息するが、同じ貝がいる韓国では「象の鼻」とか「犬の陰茎」とも言われるらしい。犬のって、ヒドイ。貝にも犬にも失礼すぎる。

ようらん海では結局、うみたけは食べなかった。のちに鹿島で麹に漬けたのを食べたが、これはコリコリしてクセはなく、つぶ貝っぽい味で珍味としていけた。

ようらん海でボクら三人が驚いたり笑ったりしながら飲んでいたら（もちろん運転手は飲んでないが）、別の卓で飲んでた赤いツナギを着たおっちゃんが突然立ち上がって近づいてきて、ボソッと、

「一番乗りっ」

と言って、黒いペラペラしたものを我らの目の前に突き出した

ので、思わずのけぞった。

落ち着いて突き出されたものを見ると、それは焼き海苔だった。

一番のりは、一番乗りじゃなくて、一番海苔だった。そして赤ツナギのおっちゃんは、よらん海の店主だった。

海苔は、1シーズンに何度か収穫できるそうで、その最初に採れた海苔である「一番海苔」が、香りも味も抜きん出ている。店主はその一番海苔をサービスして、そのことを教えてくれたのである。確かにそれは口に入れた瞬間わかった。

彼は、スボやエツに目を丸くして喜んでいるボクらを見て、〈ヤツら佐賀初めてだな……〉と思い、遊び半分に出してくれたのだろう。こんなハカライこそ、旅先で最高に嬉しい。

最後に焼きそばを食べた。佐賀最初の焼きそばは、麺が長崎ちゃんぽんのものだった。太くて縮れがなく、断面が丸い。ソース味で鰹節がかかっている。東京の焼きそばに慣れている口に太い麺はちょっと食べにくかったが、それが面白く、おいしく完食。

しかしこの焼きそばが佐賀のスタンダードか、よらん海スタイルか、その時はまだわからなかった。そういうことを含め、「佐賀のこと、俺は全然知らないぞ、これはこの先が楽しみだぞ」とワクワクしてきた。

今思うと、佐賀との最初の遭遇がようらん海で、本当にラッキーだったと思う。観光客に人気の佐賀郷土料理店などでなく、佐賀の普通の食堂で、有明海にしかないものに出会えて、食べることができた。大げさな前振りがなにもなかったのがいい。あの店主、思い出すたび笑ってしまう。「一番乗りっ」唐突だったなぁ。「エーリアン?」のおばちゃんも。

このようらん海、市街地から離れているので、その後行くことがなかった。

この本を出すことが決まって、久しぶりに行ってみようかと思ったら、なんとコロナの間に、閉店していた。それを知った時は、かなりショックだった。

ようらん海、いい店名だったな。赤いつなぎのお父さんは、今どうしているんだろう。もう一度会って、挨拶とお礼がしたかった。

旅はいつも、一期一会だ。(*「ようらん海」は長期休暇ののち、二〇二四年再開)

第二章　肥前吉田焼の絵付け

224Porcelainの辻諭さん（切り絵）

その一――絵付けを始める

最初に書いたように、佐賀に行った一番の目的は、焼き物の窯元の見学だ。二〇一七年十二月九日、よらん海で腹ごしらえをしたあと、同行の二人と、肥前吉田焼の若き陶芸家・辻諭さんの工房を訪ねた。

吉田焼には、四百年の歴史がある。辻さんのお父さんは、創業六代目だというから、気が遠くなる。初代はもちろん江戸時代、男はみんなちょんまげだ。

辻さん自身は「224 porcelain」という自分のブランドを持っている。その作品はモダンで洗練されていて、「歴史ある伝統工芸」というイメージとはずいぶん違う。

工房に着くと、辻さんはもうすっかりわかっていたと見え、ボクのために無地の素焼き皿や器を用意し待っていた。

「呉須《ごす》」という絵の具と筆も準備してあった。

そして、挨拶もそこそこに、「とりあえず絵付けをしてみませんか」と笑った。

こうして、工房に到着して五分後に、ボクは筆を握って器に絵を描いていた。

前置きが一切ないのがありがたかった。

絵描きは、説明を聞くより、まず実技がしたい（ミュージシャンもそんな感じだ）。吉田焼の歴史やその特徴などは、試作を終えてから、酒でも飲みながら面白おかしく聞くのがいい。

ボクはいきなり陶器のワイングラスに絵付けをした。ワイングラスには見えなかったけど、よく見ればなるほど、足のないワイングラスの形と大きさだ。

呉須は黒いが、焼くと藍色になるという。器の大きさは、焼くと九〇％くらいに縮むそうだ。今は薄いレンガ色だが、完成品は真っ白になる。全然イメージできない。

まず、いつも描いてる自画像的なイラストを描いてみた。

「鉛筆で下描きしてもいいですよ。鉛筆の線は焼くと消えるので」

と言われたけど、めんどくさいのでいきなり筆で陶器に描いた。

素焼きの器の表面は、細かくざらざらしていて、筆がうまく滑らない。呉須の濃さがわからない。薄め具合も見当がつかない。

でも、新しい画材と素材は新鮮で楽しい。うまくいかないのも、初体験の楽しさだ。

辻さんに見守られて恐る恐る最初のひと筆……

慣れない筆は震えるし、しばしば止まっちゃうし、思い通りにいかない。それでも一気に描き上げ、サインして「初吉田焼！」と書き添えた。

描いてもいい無地の素焼き皿がまだあったので、ボクはそのまま休むことなく、次の皿に筆をつけた。描き上げたら次の皿。なにしろ辻さんが「ここにある器はどれでも描いていいですよ」とニコニコ言うのだ。

一枚の下描きもなし、何を描こうか考えることもなし。思いつくまま筆のまま、完全出たとこ勝負。

でも面白くてたまらない。筆が止まらない。思い切って太い線で描いてみたり、薄墨的な濃淡をつけたり、ボクなりにいろんな描き方を試すことに夢中になり、時間の経つのも忘れた。

みんなは辻さんと雑談をして笑ったりしていて、時々ボクの様子を覗く。ちょっと疲れて（あ、俺、ひょっとしてみんなを待たせちゃってるかな）と思った時は、絵付け開始から一時間半が経っていた。当初辻さんは、

「試しに一枚、なにか絵を描いてみますか？」

くらいに言ってたような気がする。それが、外はもう夕方の光だ。

そこにいた数人の中ではボクが一番年上なので、皆さんボクに気を遣って、

「今日はそろそろ（終わりにしましょうか）」

と言い出せなかったんではないか。申し訳ない！

作業台の上には、大小七枚の皿に、魚、鳥、オオカミの顔、ゾウ、自分などが描き散らかしてあった。

ボクが絵付けした陶器は、表面に釉薬をかけて、ガス窯で一三〇〇度の熱で焼いて完成する。釉薬を塗るのと焼くのは、ボクの帰ったあと、先生の辻さんがやってくれるのだ。

さて、絵付けを終えたボクは宿に戻り、温泉に入って、緊張と疲れをほぐし、嬉野温泉街の居酒屋へみんなと鍋を食べに行ったのだが、そういう話は別の章で書こう。

絵付け初体験で一気に描いた7枚（焼く前）

東京に戻って一ヶ月ほどして、嬉野から荷物が届いた。

中に入っていたのは、絵付けしたものが焼き上がった完成品だった。

焼き上がった器や皿は、ツルツルの美しい白色になり、そこに紺色の絵が染み込んだように映えている。「うわぁ」と声が出た。

うまくいったやつは、描いた時より色に深みが出て、絵が美しく見え、嬉しくなる。

逆に、呉須の濃淡が極端に出たのもあって、そういうのは色にムラが出て薄ボンヤリして、ガッカリ、残念、ヘタクソ、捨てたい。

でも、絵付け初体験としては、その完成度に大満足した。

焼き上がった絵付け第一作

子供の頃、調布の深大寺で体験したお皿の絵付け「楽焼き」とはまるっきり違う。あれは、乾いた粘土の皿に学校の絵具みたいなのを塗ってすぐ焼いた気がする。焼き上がっても表面がザラザラで、とても実用にはできなかった。何描いたか憶えてないから、きっと楽しくなかったんだろう。自発的にやったんではなく、親にやらされていやいや描いたような気もする。中学の美術でやった皿の絵付けは、もう少し本格的で、たしか陶器だった。

でも、あらかじめ皿の表全面に緑色の塗料が吹き付けられていて、その塗料をコンパスの針などで削って絵を描いた。だから線が陶器の白色になる。たしかその時描いたのは、波間を行く竜だったような気がする。覚えてるから、わりと楽しんでたんだろう。

とにかく、佐賀から送られてきた完成陶器を見て、一喜一憂するとともに、一刻も早く次の絵付けをしたくてたまらなくなっていた。

そして実際、二ヶ月後には、辻さんのもとに戻り、新たな器に絵付けをしていた。呉須の薄め方、筆の含ませ方、さらに筆の握り方、筆運び、全部難しい。描いた時と焼き上がりとの、色の違いや濃淡の出方がわからず、まだまだ手探りだ。でもそれが、佐賀に来るたびに、ほんの少しずつわかっていくのが、面白い。しかし、何度来ても、構想レス下描きレスの出たとこ勝負で描いているので、完成品が東京に送られている頃には、自分が何を描いたかほとんど忘れている。

何を描くかより、純粋に器に絵付けしてる時間と行為が楽しかったのだ。大酒呑みが「酒ならなんでもいい」と言うのと似てるかもしれない。

その二——絵付けを始めて、変わったこと

絵付けをするようになってから、街で絵の付いた陶器が売られてると、つい手に取って見てしまうようになった。それが子供の茶碗でも、ムーミンのマグカップでも、ジジ臭いお猪口やド民芸調の徳利でも。

こんなに細い線、どうやって描くんだろうとか、このぐらい大胆にやっちゃってもいいんだな、とか、ツマラナイ模様も焼くと面白いんだな、とか。全部自分の佐賀体験を通じて見てる。

佐賀の隣、長崎県の「波佐見焼」には、若い女性にウケそうなお洒落なイラストが多いことにも気づいた。とにかく食器を見る目が変わった。

何度目かの佐賀旅の折、ついに有田焼の絵付けの総本山とも言える、柿右衛門の美術館「柿右衛門古陶磁参考館」に行った。

いやー、圧倒的な美の世界だった。

自分でカジってみないと、けして見えてこない凄みというのがある。

今までは、柿右衛門の皿と言われるものを見ても正直「ふーん」って感じだった。馬鹿な顔して眺めてるだけだった。それが、この日は違って見えた。

ああ、自分のやっていることを、名人と言われる選ばれし者たちが、十五代にも渡って三八〇年以上も突き詰めていくと、こうなるのか。う～ん途方もない境地だなぁと、一点一点唸ってしまった。

まず、単純な話、どうやってあんなにも細い線を、震えず、均等な筆圧で、正確無比に引けるのか、それだけで驚愕だ。人間業とは思えない。

それが巨大な壺にびっしりと描かれている。いったい何ヶ月かかったのだろう。

青い色も、独特の朱色も、深みがあって瑞々しく、昨日塗ったように輝いている。

植物の葉や花、松や竹の幹、枝、その生き生きした写実力と、それを抽象化した紋様のデザイン性。作りあげられた様式美。対峙していると目眩がするほど美しい。

自分で描いてみて、その難しさを身をもって知ったので、初めて、歴史とか技術とか伝承を、実感した。人から話を聞いたり本で読んでも、そういうことは右の耳から左の耳へ抜けていって、頭に何にも残らない。

柿右衛門の器だけが持つ神秘が、少ーし見えただけでも、絵付けをしてよかった。

こういうのを、本当の勉強というんだろうなぁ、と口をぽかんと開けたまま思った。

でも絵付けはボクにとって完全に、遊びの時間だ。小学校の図工の授業が「好きな絵」だった日みたいだ（佐賀でそのことを思い出し、二〇二三年に出したボクの初めての画集のタイトルは「すきなえ」にした）。

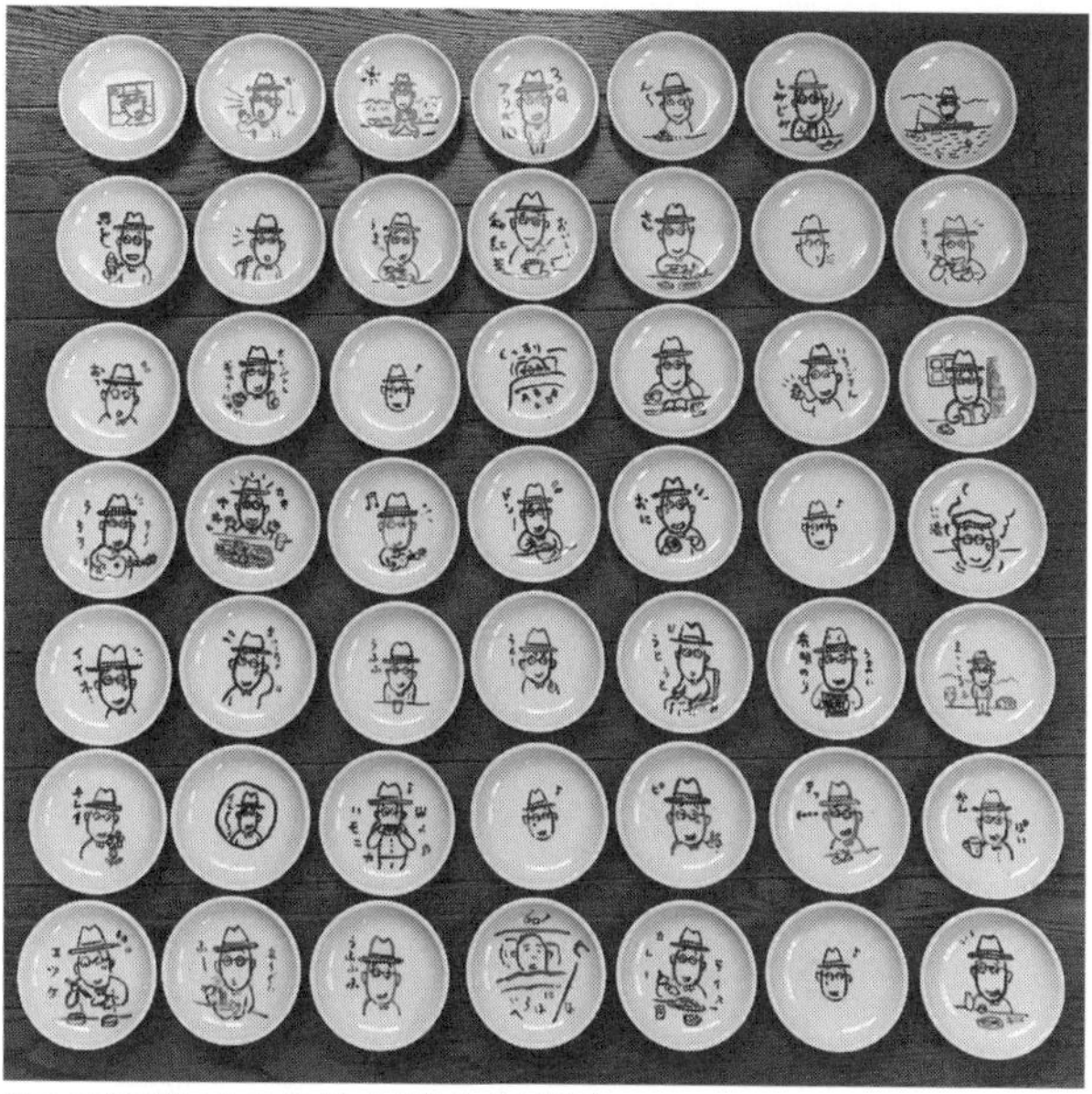

思いつきで描いた49枚（うち４枚はゴム版画）

同行のYさんに冗談で「久《く》寿《す》右《え》衛《もん》門というブランドを立ち上げましょうよ」と言われ、調子にのって四十九種四十九枚の手書き豆皿を描いたりもした。あんなに感動したのに、もうふざけてる。不真面目だと柿右衛門さんの弟子に怒られそうだ。

その三——オリジナル箸置きを作った

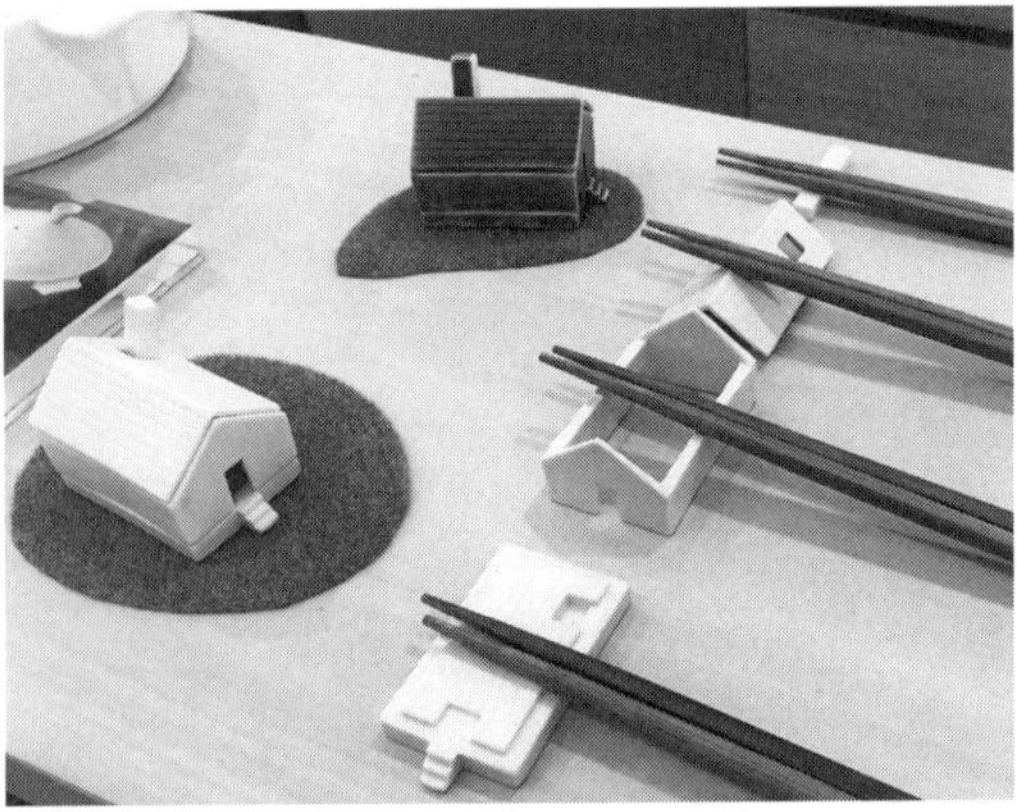

馬渕晃デザイン「House of chopsticks」制作224porcelain

佐賀通いが一年を過ぎた頃か、嬉野で絵付けしていたボクに、辻さんから提案があった。辻さんとボクで、コラボレーションして陶器作品を作りませんか、というのだ。

彼は、嬉野市内にご自身の陶器を販売する「shop224」という店を持っている。絵付けに行った帰りにお邪魔したが、ユニークな陶器がいっぱいあって楽しい。

たとえば上の箸置きだが。

陶器でできた、小さな一軒の家が四つに分解できて、それぞれが箸置きになるのだ。

陶器は焼くと少し縮む。それを見越して、ピタッと合うように各パーツを作らねばならない。すごいなぁと思うが、考えてみれば急須の蓋なんて、どんな安いのでもだいたいピタリと合っている。日常の伝統工芸技術の高さに、改めて気付く。

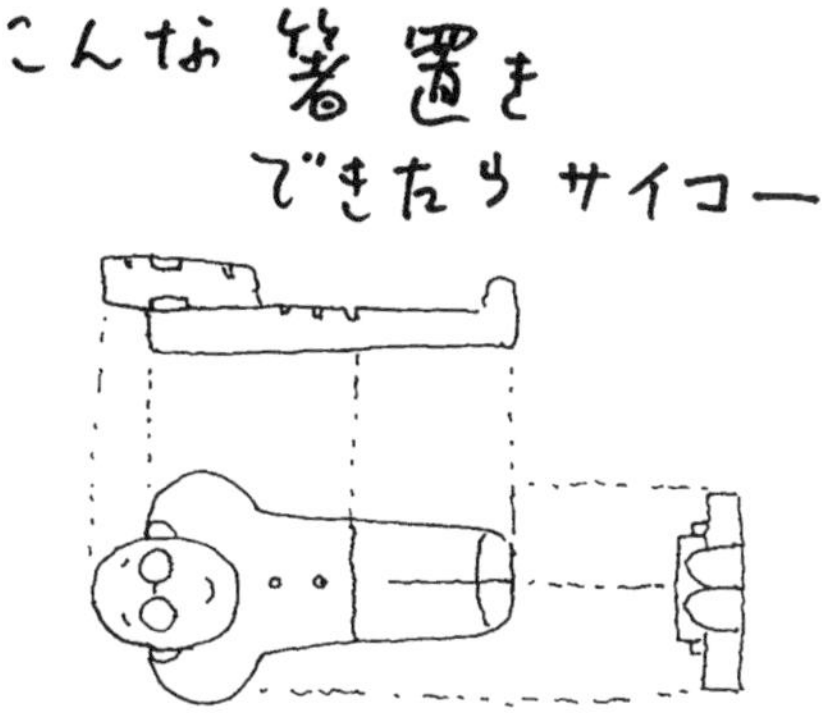

辻さんに送った絵（コピー用紙にサインペン）

とはいえ、現代の陶芸家である辻さんは、最新技術も導入している。量産する器の型を作るために、コンピューターで３Ｄ画像を作り、それを元に石膏の塊から器の原型を機械で削り出していくのだ。

できた原型から雛型を作り、その中に粘土を流し込んでいけば、同型の陶器が量産できる。

辻さんはボクが考えた形の器も、この方法で作ってみませんかと提案してくれた。

絵ではなく、今度は立体だ。しかも量産。それはやってみたいやってみたい。

ボクは東京に帰ってさっそく考えて、上の絵を描

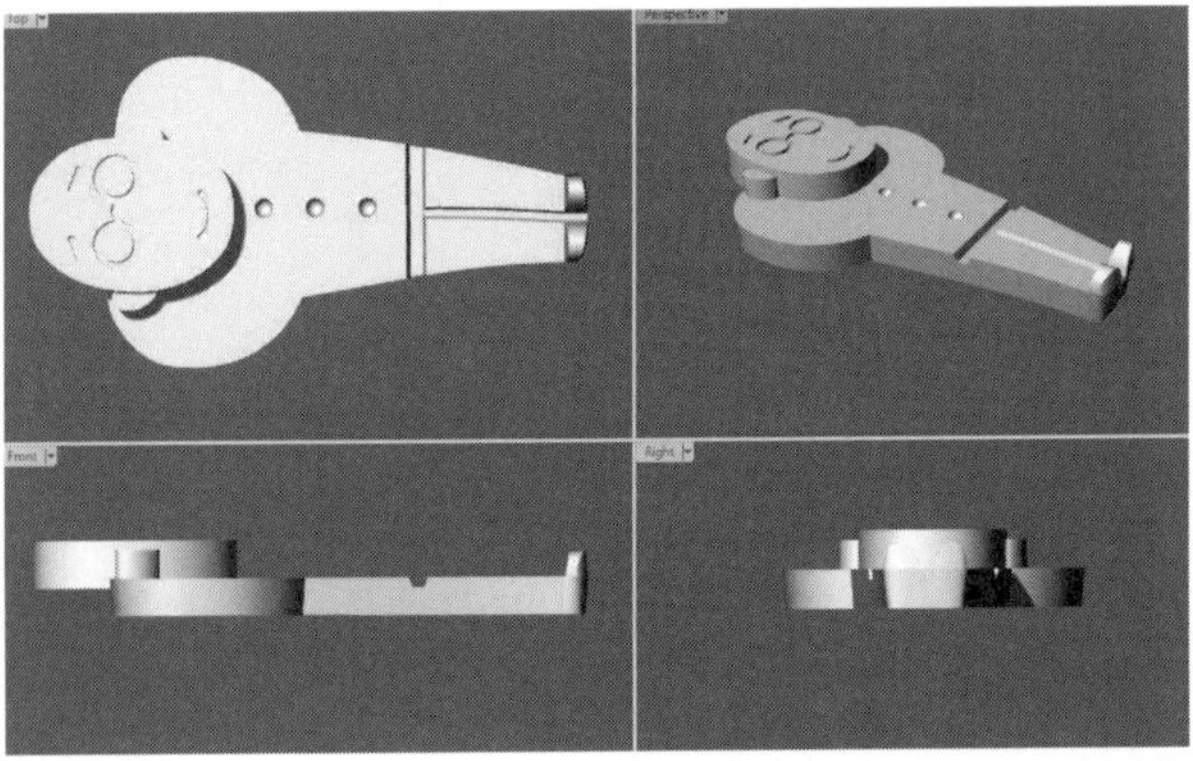

辻さんがボクの絵を元に作った３Ｄ画像

いてメールで辻さんに送った。ボクが寝転んでいる形の箸置きだ。いい加減なものだ。どこまでできるか、まず可能性を聞きたかったのだ。

　ところが、二時間もしないうちに、辻さんからメールが届いていて、そこには上のような画像が添付されていたので、思わず笑ってしまった。

　ボクがテキトーに描いたものが、三次元ＣＧになっている！　しかも辻さんによると、ボクのラフの絵のランダムさを活かして、左右対称ではなく、少し歪ませたという。面白いなぁ。出来上がると、陶器らしくエッジが少し丸くなるそうだ。

　これを元に雛型を作れば、ボクの寝転び箸置きがいくつでもできる。夢のようだ。

そうしてできあがったのが、この箸置きだ。

アハハ。これは笑いが出る。

自分なんでちょっとテレくさいが、これがテーブルの上にちょこんと寝そべって、お腹の上に箸を乗せられていたら、カワイイんではないか。

そして、仕事場で白い箸置きを見て思いついたのが、これに市販の「らくやきマーカー」で色を付けることだ。

自分が箸置きになってて笑う

マジックで目玉を描いてみた

らくやきマーカーで試行錯誤している初期の箸置き

らくやきマーカーは、釉薬を塗って焼き上がったツルツルの陶器に絵を描けるもので、十二色ある。それで陶器に絵を描き、オーブンで三十分ほど焼くと、絵がしっかり陶器に焼き付けられるらしい。

さっそく買ってきて、試しに顔を肌色で塗り、眉や目を黒で描き、口と頬をオレンジに塗り。ズボンを青く塗りつぶし、シャツの部分を緑のチェックにしたりして、オーブンで焼いてみた。

おお、ちゃんとカラーの箸置きになるではないか！　マーカーでも、焼くと色に深みが出る。

いくつか試作を繰り返し、いい感じにできたのを、ボクのバンドのライヴ会場でグッズとして販売してみた。

そしたら思いのほか人気で、二十個ほど作っていったのがすぐ売り切れた。それでまた作っては、ライヴ会場へ持っていった。

ボクがデザインして、辻さんが3DCG化、それを吉田焼の陶器にして、最後にボクが東京で絵付けして焼いて完成。ボクと辻さん、東京と佐賀のコラボレーションだ。

その四——コロナの時代、箸置きを作りまくる

そんなことをしているうちに、新型コロナウイルスが世界的に流行しだした。

まずライヴハウス、次に飲食店が流行蔓延の槍玉に挙げられた。

全国民マスク着用義務、イベント全部延期、飲食店の時短営業、アルコール提供中止、孤食推奨の時代が来た。

年間六十回以上のライヴをこなしていたボクだが、予定はみんな中止・延期になった。

箸置きを売る場もなくなってしまった。

ボクの大好きな老舗のラーメン屋が、何軒も閉店に追い込まれた。

歳をとった店主は、一度長期休業したら、もう再開する気力も体力もなくなる。コロナ

を機に引退したのだ。寂しいニュースが続いた。

だがただボンやりしていてもツマラナイ。

暇ができたボクは、オフィシャルサイト「ふらっとHome」を運営してくれている会社にお願いして同サイトの中に「ふらっとShop」という通販サイトを作った。

そこでボクの箸置きを通販することにした。

コロナ時代の「ひとり飯」を少しでも楽しくできるよう、面白い箸置きを全国に向けて販売しようと思ったのだ。

「ふらっと箸置き」と名付け、ズボンやシャツの色違い四種類の箸置きを各二十個ほど作って、サイトにアップしてみた。すると、買ってくれる人がポツポツと現れた。

しかし、相変わらずライヴもないし、飲み屋も早仕舞いなので、時間を持て余していた。

そこで、量産型箸置き四種の他に、一点もののシリーズ「ふらっと箸置きプレミアム」を作ってみた。同じものばかり作るのは飽きる。初めは三十種三十個くらい作ったか。

すると、SNSなどで話が広まったのか、たちまち売り切れた。

そして、またプレミアムを作ってくださいと書き込みをたくさんもらった。

自分なりの、孤食応援活動と考え、そして吉田焼き絵付けの修行と思って、ボクはライブやイベントが飛んだ時間に、コツコツ、プレミアム箸置きを描き続けた。箸置きがなくなると、辻さんに追加注文した。辻さんも、ボクから毎回五十個とか、百個とか注文がくるので、驚いていた。

そのうち、某鉄道会社のプレゼント用に、会社カラーの箸置きを三百個頼まれた。もちろんひとつひとつボクの手描きである。ボクはこれも楽しい修行と思って、淡々と描き続けた。辛いとは思わなかった。並べるとなかなか壮観だった。

こないだ（二〇二三年）佐賀で辻さんに会ったら、

「たぶんボク、クスミさん用の箸置き、千個以上は焼いていますよ」

と笑っていた。いつの間にそんなに!!

ボクは今もまだ修行中で、この修行はたぶん死ぬまで続く。

修行とは、何かを成し遂げることでもなく、自分が何者かになるためのものでなく、まして成功したりするためのものではない。修行は、修行そのものに意味があるのだ。

それは、昨日の自分と、ほんの少し違う自分になるということだ。

昨日までのボクは、ねずみ男の箸置きを作っていない。

今日、ボクは苦労して（笑いながら）ねずみ男を箸置きに描いた。

もうボクは「箸置きにねずみ男を描いたボク」になったのだ。

昨日のボクにはなかった経験と記憶を得たボクなのだ。

それは自分にしかわからない、いや自分でもわからないような、小さな変化だろう。でもそれこそが、生きているということじゃないか。と、思う。

死んだ人はもう変化をしない。死んだ人は楽しい修行もできない。

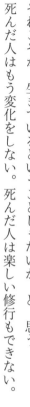

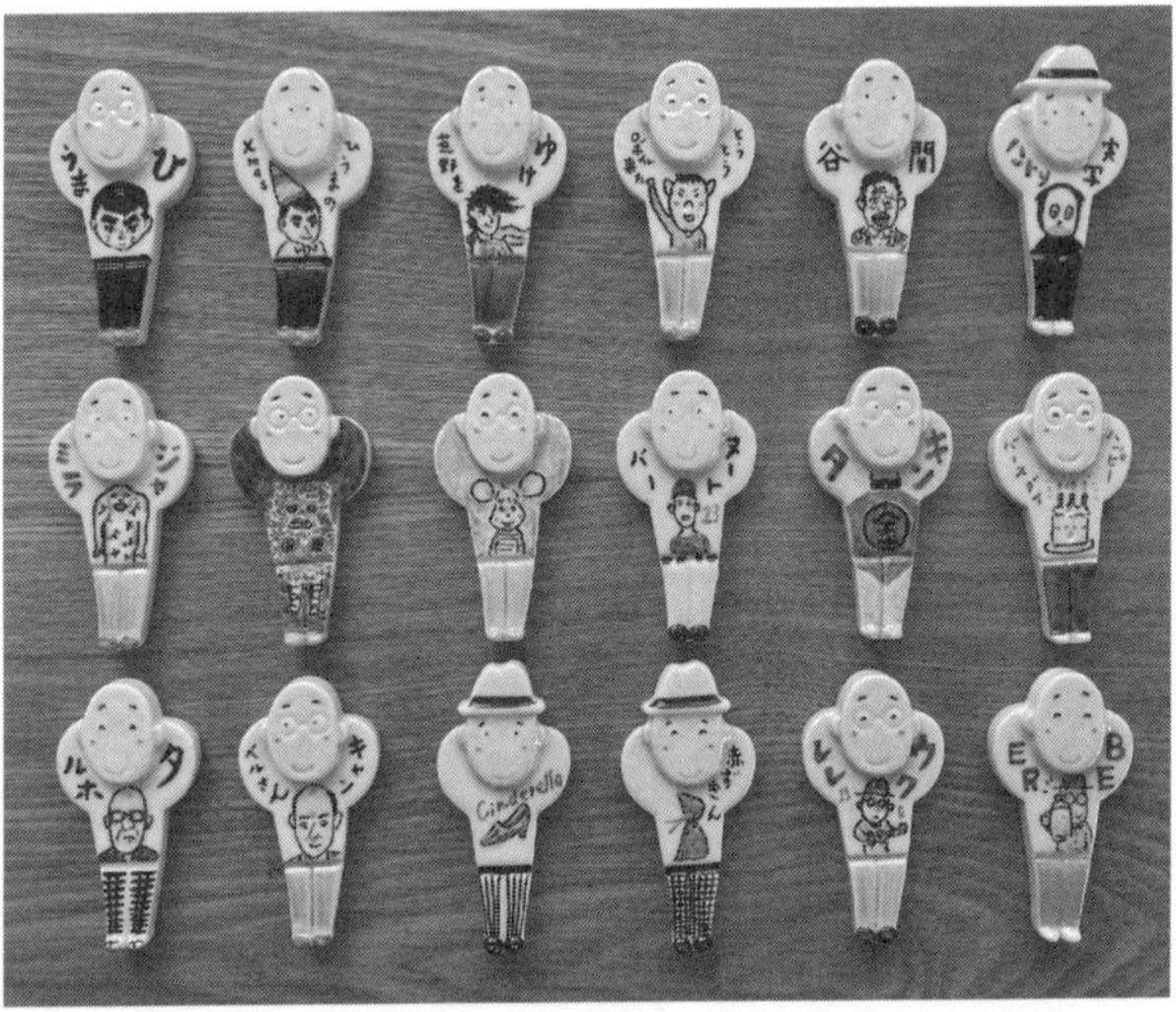
Cinderella

第三章　佐賀ラーメン紀行

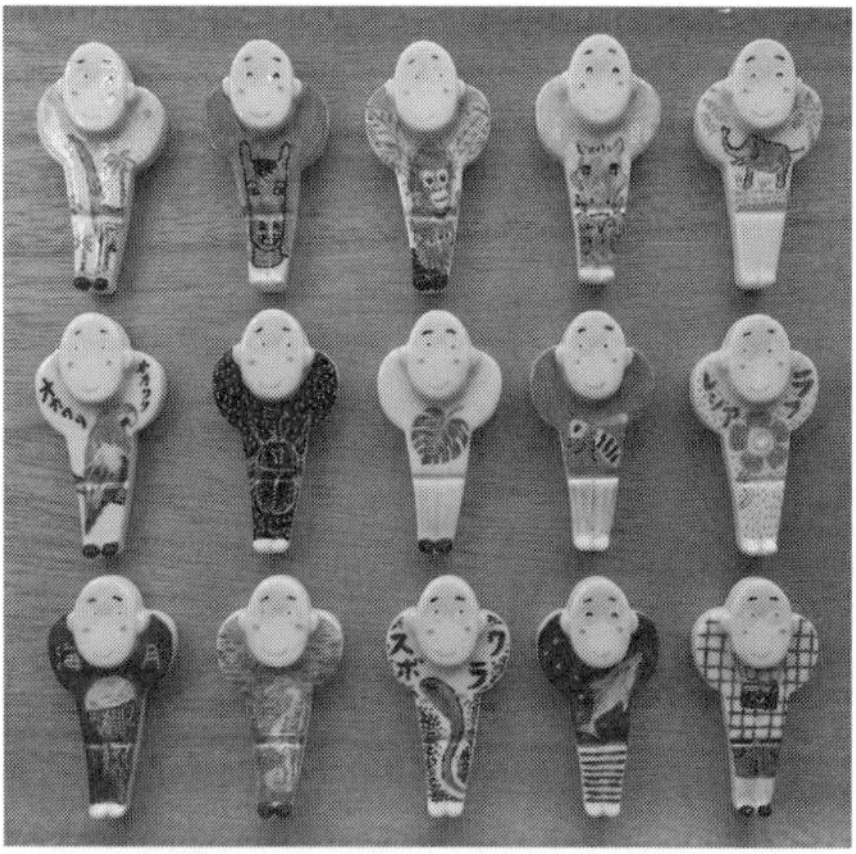

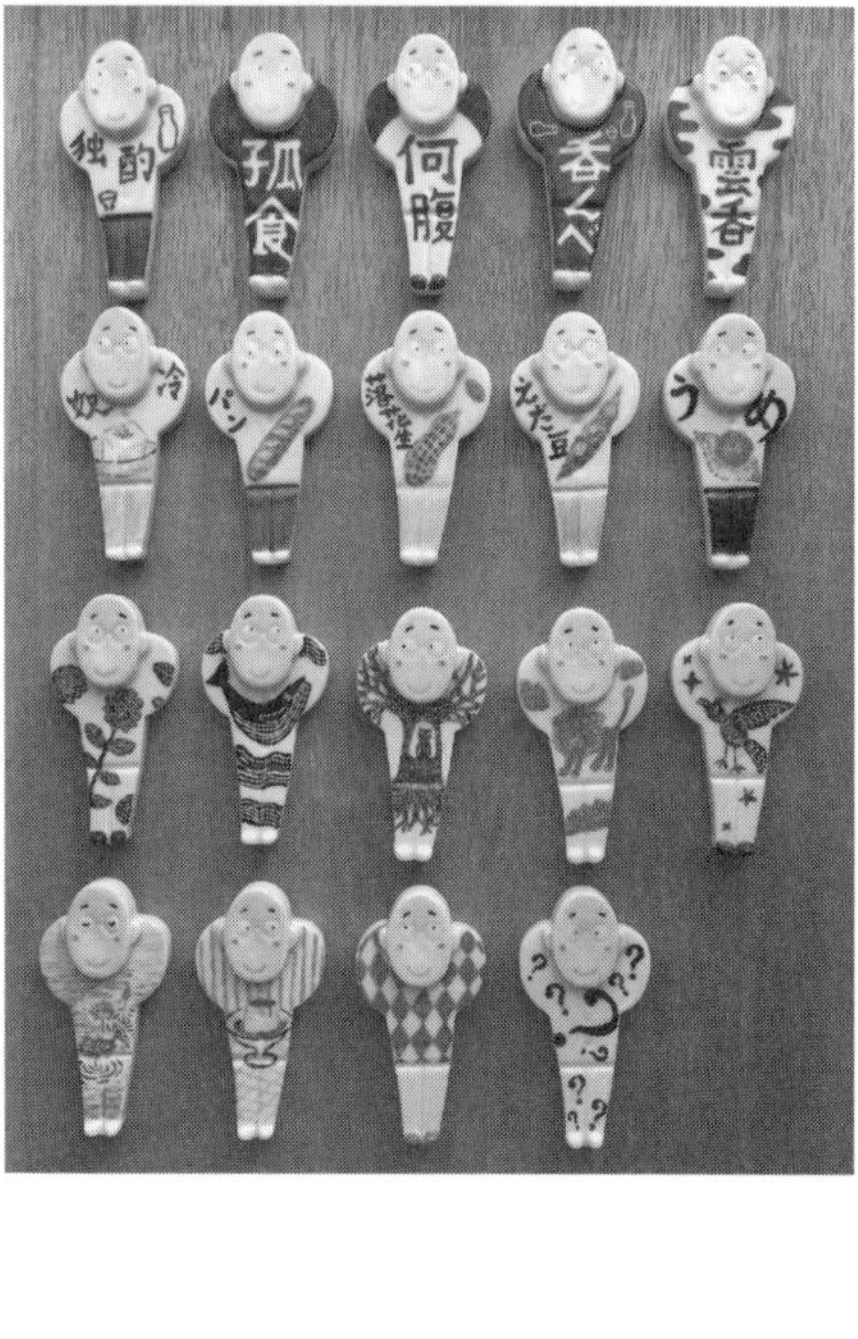

●「もとむら」と「いちげん。」

佐賀で最初に食べたラーメンは、鍋島駅に近い「もとむら」だ。

佐賀ラーメンの老舗ということで、車で連れて行ってもらって食べた。

ビルを建てる時のコンクリートの中に入っていそうな、ゴツい金属の棒、つまり鉄筋だな、あれみたいなので店員さんがスープの寸胴をかき回していたのが、記憶に残っている。そんなの見たことがなく、ワイルドだなァと思った。

壁に貼られた「ラーメン」の短冊の横に「玉子ラーメン」があった。ボクは普通のラーメンを食べたが、同行の人が玉子ラーメンを頼んだ。

出てきたラーメンは、一見、博多ラーメンによく似ていた。玉子ラーメンにはその真ん中に、生卵が落としてあった。ボクはラーメンに生卵を落として食べたことはない。うどんや蕎麦ではあるけど、ラーメンなら茹で卵か味付け卵だ。佐賀ではそんな食べ方するのか、と感心したが「おいしそう」とは思わなかった。

さて、初めての佐賀ラーメンは、食べてみると博多ラーメンと明らかに違った。

まず、麺がやわらかい。博多ラーメンと言えば、バリカタだのハリガネだのに代表される固麺の印象。佐賀の麺は、それとは全然違う。そうめん的な中華麺。

そして、スープも見た目と違って、やさしい豚骨味。ガツンという豚骨っぽさ、脂っこさ、匂いはない。さらっとしている。鉄筋混ぜだけどワイルドな味はない。

へー、と思った。東京では博多ラーメンをほとんど食べないボクだが、もとむらのラーメンには、不思議な親近感を覚えた。そして、麺を食べ終った頃には、このラーメンなら生卵もありかもしれない、と思っていた。

行ったのは夜だったが、わりと混んでいて、ひとり客も多かった。あとから入ってきた若者四人組も、実に楽しそうに食べて帰っていった。ラーメンを待っている時の顔も、ここに来るのが楽しみでしかたないという笑顔だった。ここは地元民に好かれているいい店なんだな、と思った。ラーメン屋におひなりさんがあるのも、東京と違う。


二回目に佐賀ラーメンを食べたのは、佐賀通いも一年になる十月、佐賀さいこうフェスというのにQUSDAMAで参加演奏した帰りだ。佐賀駅から佐賀空港へ車で向かう道すがらにある「いちげん。」という店。

あとで知ったことだが、いちげん。の大将は若い頃、もとむらで修行したらしい。

自動販売機で食券を買うのだが、ボクは迷うことなく「玉子ラーメン」を頼んだ。

「焼き海苔」と「干し海苔」が一五〇円で別売りになっている。そしてそこに「一番海苔」と明記されていた。

あれ、なんだっけ、と思ったが、すぐ思い出した。初めて佐賀に来た一年前の十二月、「よらん海」の店主が「一番乗りっ」と唐突に一枚出してくれたものだ。一番海苔は特別にうまいのだった。嬉しくなって「干し海苔」を注文した。

いちげん。のテーブルにはプレートが置いてあり、

「ちかーっと時間のかかっばってん、待っとってくれんですか」

と書いてある。佐賀弁だ。それが期待感を煽り、お腹を空かせる。

ラーメンが来た。海苔は別皿に数枚重ねて出た。持ってきた若い店員が、

「海苔はスープに浸して三十秒我慢してから食べてください」

と言う。言われた通りにして、海苔を箸ですくって口に入れた。

そしたら口の中で海苔がほごれ、香りたつ。今まで食べたラーメンの海苔と別物。この

時は「さすが有明」と唸った。

板状に加工された海苔が「干し海苔（乾海苔・板海苔）」、それをもっと乾燥させ焼いたのが「焼き海苔」だそうだ。

麺もスープもウマイ。生卵、想像通り、佐賀ラーメンに合う。

麺はやはり、ストレート、やわらかめ。もとむらより、ほんのちょっと味も脂も強めな気がした。卵や海苔を楽しむならその方がいいのかもしれない。

佐賀ラーメンというものが、博多ラーメンとは似て非なる物だと、しっかり認識された。麺やわ、豚骨、あっさり、でもコクあり。今の年齢のボクにはオアツラエムキだ。

おいしいおいしいと食べ終ったら、店主らしき人物がやってきて、

「失礼ですが、クスミさんですか？　うちの店員に『孤独のグルメ』の大ファンという子がいまして、そうじゃないかっていいますんで」

と言われた。佐賀で顔バレは初めてだった。そして、失礼ですが、丼にサインをいただけませんかという。なんと、水に溶いた呉須と筆も持ってきた。書いたものを焼いて、店に飾るのだという。こんなところで、絵付けと繋がった。ちょっと嬉しい。

いちげん。の丼に絵を描き上げたところ

東京に戻って、佐賀ラーメンが懐かしくなり、無いからしかたなく博多ラーメンの店に入った。そしたらその違いはボクの中でよりハッキリした。東京で佐賀ラーメンというのは、聞いたことない。そうなると佐賀に行くたび、佐賀ラーメンが食べたい。こうして六年間、いろんな店で食べた。その中でも、忘れられない店の思い出を、とりあえず八軒挙げておこう。

●「大臣閣《だいじんかく》」 佐賀市諸富町《もろどみちょう》

海苔漁の取材をした時に、車窓から見つけた。見た目と店名で、入ることを即決。

店名がラーメン屋らしからぬ。閣が焼肉屋のようだ。大臣の閣、とは大きく出た。

と思ったら、実際、メニューにホルモン焼きもあった。そんなラーメン屋も珍しい。ホルモン焼きの方がラーメンより先か？　と思うが、店の屋根には黄色い瓦でデカデカと「ラーメン」と書いてある。やはりラーメンが主役だろう。

しかし、屋根だから普通の通行人はまず気づかない。飛行機の乗客にでもアピールしてるのか？

ここは小さなおばあちゃんが、その娘さんと二人でやっていた。

大鍋の向こうに隠れそうな小さいおばあちゃんが、バンダナを巻いて、麺を茹で、湯切りをしている。愛おしいその姿を見ると、もうそれだけで食べる前からおいしい。

出てきたラーメンは、ちょっと泡立ったスープが丼すり切りに入っていて、具は青ネギとチャーシューのみ。

諸富の人は、あそこのラーメンはちょっとこってり過ぎかもしれませんよ、と言ったが、東京のコッテリ豚骨に比べたら、なんとあっさりしてることよ。もちろん生卵落とす。

おばあちゃんが目の前で作ってくれた一杯、大事に大事に食べた。

ほとんどの客が常連と思われる。最寄りの鉄道駅がないから、旅人は車で来るしかない。

でもボクは今までに三回食べている。残念ながらおばあちゃんは亡くなられたそうだが、長期休業ののち二〇二二年営業を再開した。

●「来来軒」　神埼《かんざき》市神埼町

この店は神埼を歩いていて、偶然見つけた。絶対に忘れられない店だ。

その日は日曜で、飲食店は休みの店が多く、しかも夕方、居酒屋の始まる前の時間帯。この街で食べるのを諦めかけた時、出会った。しかしシャッターが上から三〇センチほど下りていて、暖簾も出ているけどボロボロで、くしゃっと縮んでて、営業中の札も出ていない。こりゃ中休み中かなぁ、と思いながら一応引き戸に手をかけたら、開く。

そこで「すいませーん」と声をかけた。

そしたら奥の方で「はい」と声が聞こえたような気がした。

少しして、背の小さなひどく顔色の悪いおばあちゃんがゆっくり現れた。

「あ、やってますか」

「はい」

で、ボクは店内に踏み込んだ。

踏み込んで「うっ」となった。何か、食べ物でない臭気がしたのだ。でも店の人と言葉を交わしてしまった以上、やっぱりやめます失礼します、と店を出ることはできない。

誰もいない店の、年季の入ったカウンターについた。なんだろうこの匂いはしかし。すえた機械油のような、それがかすかなとんこつラーメンぽい匂いと入り混じっている。

ボクは、壁のメニューにビールを見つけ、救いを求めるようにそれを頼んだ。

おばあちゃんが、瓶ビール持ってきた。ボクの横で、栓抜きでその蓋を開けようとするのだが、手が震えてなかなか開かない。思わず、

「あ、ボクが開けます」

と言って、栓抜きをもらった。そしてビールをコップに注ぎながら、こりゃあ大変な店に入ってしまったかもしれない、と思い冷や汗が出た。異臭、というやつである。

見回すと、天井には穴があき、そこからベニヤの薄皮がビロビロと下がっている。下には大きなポリバケツ。小さなポリバケツも並んでいる。雨漏りだろうか。匂いはあの天井の穴から流れてくるのか。それならまだいい。これは相当なラーメンが出てくるかもしれ

ない。ひと口スープを啜って、それを飲み込むことができるだろうか。とまで思った。

でもここはラーメン屋だ、酒だけ飲んで帰るわけにもいかない。

いや、店の古び方とかは、好きなのだ。おそらく何十年という間、客の肘が磨いてきたカウンターのツヤ、摩耗したヘリの丸みは大いに魅力的だ。

そしてコップ二杯のビールを飲んで腹を決め「ラーメンください」と言った。

おばあちゃんは「はい」と言い、店の奥に消えたが、同時におばあちゃんの「ラーメン」という誰かに向けた声が聞こえた。

すると、店の奥から、おじいちゃん登場。この方は、お元気そうだ。

「いらっしゃいませ」と小さいがしっかりした声で言った。少し不安が和らいだ。

でもまだ心配。少し慣れたとはいえ、謎の異臭が消えたわけではない。

しばらくして、一杯のラーメンがカウンターの向こうから差し出された。

とんこつラーメンのようだが、スープがもう少し澄んでいる。麵はほかの佐賀ラーメンほど細くないストレート麵。具はハム的な肉と、海苔と、青ネギ。見た目は全然問題ない。

恐る恐るスープを啜る。……うん。……あ、大丈夫。臭くない。てか、おいしい。

ヨカッたぁ。

老店主は、

「前はチャーシューも作ってたんですが、家内が病気したもんで、肩ロースにさせていただいてます」

と言った。そうですかそうですか、それは大変でしたね。やはり病みあがりだったのか。佐賀特有の柔らかい麵を啜ると、温かい気持ちになった。

「昔はね、このあたりにもラーメン屋はたくさんあったんですよ。今はうちだけになっちゃったけどね。この前の道を昔は、馬車が通ったんです。木炭載せた。車なんか一台も通らなかった。その時代、みんなラーメン食べたがってね。そうしてラーメン屋が次々にできたんです」

お父さんは懐かしむように微笑んで話す。馬車。ボクは馬車を頭に思い浮かべようとしたが、その形が現れなかった。そんな時代から、ここはやっているのか。

「私もいくつまでやれるか。首にボルトが入っているんですよ。でも福岡の方から食べに来てくれる人もいるんでね」

どんどんラーメンがおいしくなる。いつの間にか匂いは全然感じなくなっていた。

その数ヶ月後、ボクは再びこの店に来た。

異臭なんぞしなかった。最初に行った時は、やはり何か事故があったのかもしれない。

二度目の時はお父さんが唐津の方に仕入れに行っているとかで、いなかった。

でも、お母さんは前回よりずっと顔色がよく、声にも力があって笑顔も出て、心底よかったぁと思った。お母さんの作ったラーメンも、おいしかった。

そしてコロナになって以来、店はずっと閉まっていると聞いた。そうか……、と心が痛む。

来来軒のラーメン、また食べたいなぁ。今はお二人の健康を祈りつつ、懐かしく思い出すばかりだ。

●「来久軒《らいきゅうけん》」　武雄市武雄町

この店は、武雄温泉に車で連れて行ってもらった帰りに食べたのだったたか。

暖簾がものすごくデカイ。文字もデカイ

ここも佐賀ラーメンらしくておいしかったな。オレンジ色の大きな暖簾がすばらしい。思わず色鉛筆で絵に描いた。

●「三九ラーメン」鳥栖市京町

日中、鳥栖駅周辺をうろうろしていて路地の中で見つけたが、昼間でまだやっていなかった。かなり古そうな店に見える。名前がいい。もちろんThank youの洒落だろう。

しかし、準備中にもかかわらず、あたりに強い豚骨臭が漂っていて、これは佐賀にしては強烈な豚骨ラーメンかな、と思った。

夜になって灯りがついていたので「これは一か八か、勝負の店だな」と思って入った。

キクラゲが入った「三九ラーメン」のラーメン

そしたら、たしかに白い豚骨スープだが、臭みは全然なく、くどくもない。昼間の匂いが嘘のようだ。麺は細くまっすぐで、やわらかい佐賀ラーメンの中でも、一段とやわらかい。ちょっとにゅうめんのようだ。食べていると、スープのコクがだんだんおいしく感じられてきて、麺をちゅるちゅる啜る速度が加速する。

具は、青ネギ海苔チャーシューの他に、キクラゲが入っている。これは佐賀では初めて。鳥栖は福岡の久留米に近いからかな、と思った。

メニューには餃子の他に、おでんやキムチや野菜炒めがあるのが面白い。

物静かなご夫婦が営んでいる。この、あえて強調したいほどの「物静かさ」が、実にいい空気を作っている。ほぼ無言で、様々な連携プレーが行われ、ラーメンや餃子が次々にできていく。無言で立ち位置が交代していくのなんか、バドミントンや卓球のダブルスの強豪チームみたいだ。このタッグあっての味だろう。

飲んだ後にも最高のラーメン。この一杯で、佐賀ラーメンがますます好きになった。

●「まるその」鳥栖市本町

ここもシブかった。店前に置いてあるバイクの荷台に取り付けられた古い木箱が馬鹿デカくて笑った。店主の材料仕入用か。

「大ラーメン」と「ジャンボラーメン」があったり、「カレーラーメン」「みそラーメン」など他の店にない独創的な一品があるのには、バイクの木箱と通じる創意工夫を感じて微笑ましい。常連が多く、水割りを飲む女性ひとり客も。ボクは「玉子入りラーメン」四五〇円をペロリとたいらげた。店主のお孫さんが描いたと思われる貼り紙があり、ラーメンの絵とともに「ここのラーメンおいしいよ」と書いてあってカワイイ。

●「駅前ラーメン　ビッグワン」　佐賀市駅前中央

JR佐賀駅すぐそばの店。パチンコ屋みたいな店名で、見た目も老舗的風格は全然感じられず、正直どうかなぁと思いつつ入ったら、おいしかった！　お客さんにはリピーターとみられる人が多い。

なんといっても駅に近いのが便利で、電車で来た時、帰る時、気軽に食べられる。時間がない時、頼もしい。何度も行っている。店名や店構えだけで味を判断してはイケナイ、ということを、あらためて肝に命じた一軒。いい店です。

●「井手ちゃんぽん　本店」　武雄市北方町

佐賀は長崎県の隣りというだけあって、チャンポンの店も多い。その中でも有名店ということで、連れて行ってもらった。

店構えが堂々としている。ビッグワンと比べたら失礼だが、ひと目で老舗とわかる。夕方四時に行ったらすんなり入れたが、お昼はいつも行列ができるそうだ。

カウンターに着き、頭上のメニューの文字を見ただけで「ここは絶対ウマイ」と思った。

太い文字に味わいがあり、おいしそうだ

ぶっとい書き文字に、歴史と自信と人気とおいしさがにじみ出ている。

「大めし」「小めし」というのもいい。「おおめしこめし」と、歌になりそうだ。

チャンポン専門店と思いきや、うどんが各種あるのも面白い。

目の前で次々にチャンポンが作られていくのを見ながら待っているのは、カウンター席の醍醐味だ。

野菜がモリモリで嬉しい。大好きなキャベツともやしの歯ごたえがいい。丼はラーメンのものより浅く、スープは少なめ。でもこれでしっかりバランスが取れている。ボリュームはあったけど、最後までおいしくすんなり完食。

多くの客が「特製チャンポン」を食べているが、

井手ちゃんぽんの「チャンポン」

「特製チャンポン」野菜の下に卵

これは皿のような丼がボクのよりぐっと大きく、キクラゲの入った野菜は倍くらいに見える。デカイ。しかも生卵が一個入っている。炒め野菜の上に卵を落とし、その上にまた野菜をのせてしまうのに少し驚いた。キクラゲ多し。

●「山城屋食堂」 唐津市紺屋町

唐津の駅前。「ちゃんぽん」を頼んだら、お客さんが他に二人しかいないのに、

「時間がかかりますよ。いいですか！」

と店主であろうおばあちゃんに強く言われた。「はい、かまいません」と答え、ビールを飲んでたら、「ちゃんぽん」はすぐ出てきた。なんだい。苦笑。

肉が牛肉だったのがかわっている。

四人連れの常連らしきおばあちゃんたちがいて、食べた後もお茶を飲みお茶菓子を摘んで（これは店のサービスか持参か不明）、いつまでも談笑していた。おばあちゃんたちが、女将さんのことを「よしえちゃん」と呼んでるのがかわいかった。

手荷物一時預かりもやっている「山城屋食堂」

山城屋食堂の「ちゃんぽん」

【番外・インスタントラーメン編】

●「むつごろうラーメン」

空港などでも売っている。味は普通の醬油味のインスタントラーメンだが、なんといってもパッケージデザインとイラストがかわいい。このパッケージだけで買いたくなる。

●「エイリアンラーメン」

ジャケット、つまり包みがかなり異様。おどろおどろしい。常識ではとてもラーメンと思えないデザイン。「おいしそう」を全然狙ってない。暗い色調のSFチックなイラストは、もちろん映画「エイリアン」を意識したものだろう。有明海のエイリアンこと、ワラスボが恐ろしい怪物のように三匹描かれている。

実際、スープにワラスボエキスも入っているようだ。帰りの佐賀空港で買ってきて、仕事場で作って驚いた。スープが緑色。これは見た目はなかなかエグイ（巻頭口絵参照）。でも味はいたって普通のインスタントラーメンだった。苦いわけでも臭いわけでもない。

お土産に買っていったらウケるだろう。そこを狙った商品なのだろうが。

　ちなみに、姉妹品ドリンクに「エイリアンエナジー」というのもあり、これも清涼飲料としては面白ひどいデザインだ。

ムツゴロウは自ら丼に浸かり麺を啜っている

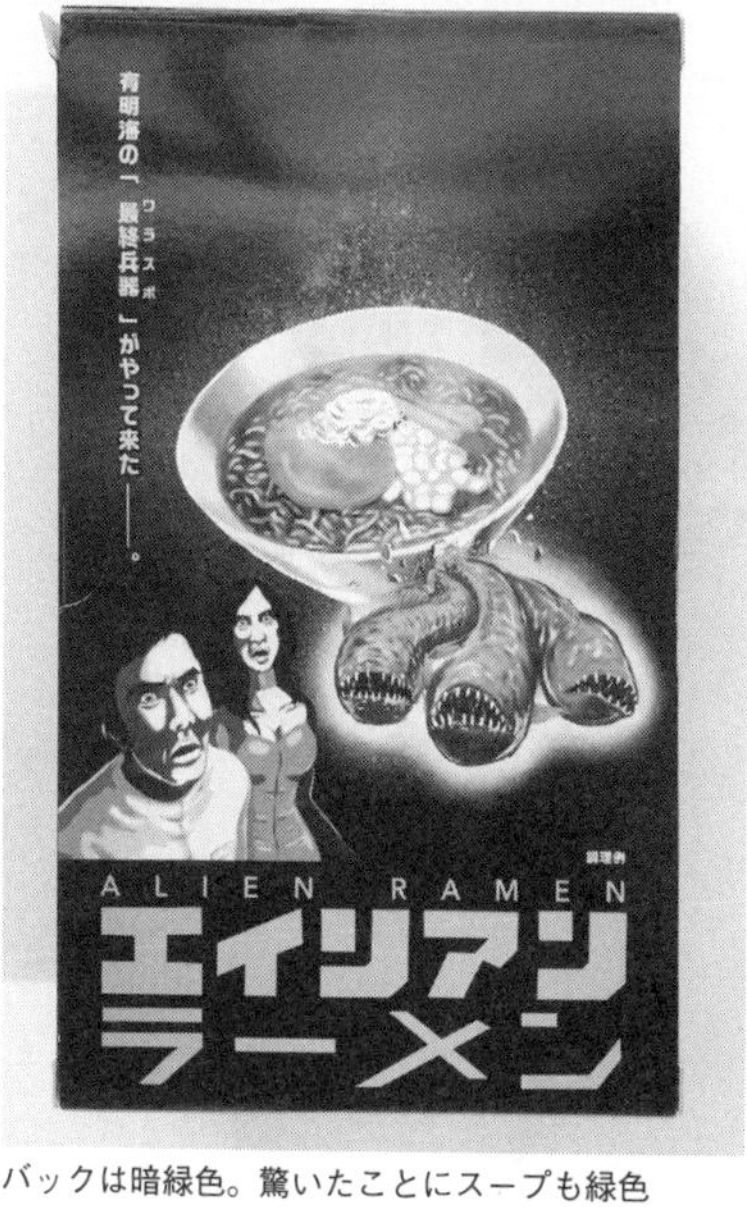

バックは暗緑色。驚いたことにスープも緑色

●「鹿島ヌードル」

鹿島市の町おこしとして、二〇二三年発売。実はその発売イベントに呼ばれて、試食し、インタビューに応え、佐賀ラジオにも出演した。

いわゆる佐賀ラーメンとは全然違う。豚骨ではない。麺も平打ち。あっさりした味で、酒蔵の町・鹿島らしく、酒を飲んだ締めに食べておいしいラーメンを目指して作られた。たしかにそういう味だ。開発にはかなり苦労したそうだが、ひと言で「こういうラーメンです！」と言い表すのが難しいラーメンだ。そこが佐賀らしい、とは言いますすまい。

このラーメンが佐賀人と観光客に売れるか、定着するか。それは時間が証明する。

鹿島ヌードルinstagramより

第四章　佐賀の温泉巡り

「竜宮城⁉」と思った武雄温泉入口

その一——武雄温泉

●初めての武雄温泉（二〇一三年）

佐賀に初めて行ったのは、吉田焼の絵付け初体験の、四年前だ。それは「旅の手帖」に連載していた「ニッポン線路つたい歩き」（カンゼンから同タイトルで単行本化）の取材で、佐世保線に伝い歩いた時のことだ。日本各地の鉄道沿いの道を半日歩くという連載だった。

その日は博多から特急みどりに乗って二時間弱、武雄温泉駅まで行き、温泉街の旅館に泊まり、翌朝から歩いた。

武雄温泉は全く知らなかったが、編集者に千三百年の歴史があると聞いて軽く驚いた。奈良時代に始まった温泉なのか。イメージわかない。江戸時代には、宮本武蔵、伊達政宗、伊能忠敬が入った記録があるというので、さらに驚いた。

こんなところで宮本武蔵の名前が出てくるとは。宮本武蔵は熊本で没したから、熊本へ向かう途中に立ち寄ったのだろうか？　さっそく地図を開くと、関門海峡から熊本に向かうのに、武雄温泉に寄るというのはずいぶん回り道だ。そんな遠回りしてまで、武蔵は温泉に行きたかったか？

そもそも、武蔵は風呂嫌いで、長い髪も洗わないので、近寄ると臭かったとも言われる。本当に武雄温泉に入ったのだろうか？　大いに疑問が湧く。

と思いながら地図をながめていて、ふと自分はこの歳になるまで、佐賀県の地図をちゃんと見たことがないのに気がついた。いや、佐賀県民には申し訳ないが。

佐賀に通うようになっても、県内の地域の位置関係とか、方向感覚や距離感がなかなかつかめなかった。いや、今でもはっきりわかっていない。

小さな県なのに、すごく全体像が捉えにくい県なのだ。中心的な高い山や河川、大きな街をすべて結ぶ大動脈的な鉄道が無いからかもしれない。

話を戻すと、初の武雄温泉では温泉旅館を取ってもらったのだが、編集者によると、武雄には立派な公共温泉があるから、ぜひ入るべし、とのこと。

そして来てみれば、宿の目の前に、朱色の大きな楼門が立っている。

「……なにこれ？　……竜宮城⁉」

これまた浮世離れした造形・色彩の新館

と、頭の中で言ってしまった。

そこが、まさに武雄の公共温泉だった。なんでこんなに派手に。

それをぐるぐると、奥には昔の吉原の遊郭か？　というような、朱色をふんだんに使ったこれまた立派な二階屋の建物がある。さらになにこれ？　である。ここ、温泉じゃないの？

そこは、たしかに武雄温泉の新館だった。「国指定重要文化財」と書いてある。設計したのは、なんと東京駅を設計した辰野金吾。

え、なんでそんな人が、九州のこんな山の中の温泉銭湯（失礼）を、こんな特異な形に設計したんだ？　なぜそんな企画が通ったんだ？　エラクお金がかかってそうだけど、誰がそんな大金出したんだ？　竜宮城の前で、謎が頭の中をぐるぐるした。

その晩は宿の風呂に入り（これも十分気持ちよかった）、翌朝七時、朝食前にその竜宮城的公共温泉に入りに行った。吉野金吾の遊郭的新館でなく、その隣にある、地元の一般客が入っている旧館（元湯）の方に行く。

そこは古い大きな木造の建屋で、入場料は四〇〇円。安い！　東京の銭湯以下だ。入ると、その時間なのに、すでにたくさんの人で賑わっているではないか。

湯上がりの人々が、通路にある長椅子に座って、テレビを見ながら談笑している。観光客らしい人は見当たらず、顔見知りの地元民ばかりのようだ。

「どーも」

「あぁ、どーも、急に寒うなったなぁ」

とニコニコ挨拶している。そして見ず知らずのボクにまで、湯上りの顔のおばちゃんが会釈してくる。

ここはどこ？　今はいつ？　その昔、銭湯が社交場だった頃の、和やかでのんびりした空気が、古い廊下に温存されている。世知辛い東京から来たばかりのボクは、なんだか涙

色調もシブく、外観も古い寺社のような「元湯」

が出そうな気持ちになった。

浴室内も木造で、天井が高く、高窓からの朝日に照らされた梁や柱は、古寺のごとく年季が入っている。これは確かに「入るべし」だ。

湯は透明で、匂いもない。でも手を入れた肌触りはやわらかく、やっぱり温泉だ。

最初熱くて、少し我慢して浸かっていたが、じきに肌が馴染んだ。馴染んでしまうと、出たくないほど気持ちいい。

それより、湯から上がった時の肌が、実にさっぱりして清々しい。こりゃ湯上り最強の温泉だな、というのが、その時の感想。

帰りに番台のところで、前にいたおばあちゃんが、番台の人に「ごちそうさま」と言って出ていった。

昔の銭湯は、入るときは「いただきます」出るときは「ごちそうさま」と言ったものだ、というのを、銭湯の歴史の本で読んだことがある。

なんとここでは、今もそのならわしが残っている。ふたたび、じーんときた。

表に出ると、停まった軽トラックからゴム長を履いたおじいちゃんが降りてきて、タオルを下げて風呂に向かっていった。農家の方だろうか。そんな使われ方もしている。

本当にいろいろ驚かされた、武雄温泉。この体験は「佐賀って意外に面白い県かもしれない」と、ボクの無意識層に残り、今の佐賀通いに繋っているのかもしれない。

●二回目の武雄温泉（二〇一七年）

今回の六年に渡る佐賀漫遊でも、最初に入った温泉が武雄温泉だった。

「ようらん海」で軽い佐賀ショックを体験した後、車で嬉野に向かう途中、武雄の近くを通るというので、嬉野温泉を待たず、立ち寄ってもらったのだ。

例の竜宮城はメンテナンス中で、工事網がかかっていて残念だったが、公共温泉は営業していた。

古い木造温泉は、何も変わっていなかった。その中にいる昔めいた人々も、古い内観も。

でも、湯に浸っていた年配客二人が
「しかし最近、『あつゆ』もぬるくなったな」

「ほんとだ。観光客に合わせてるんだろう」

「ああ。まったくろくなことしないな」

という意味の不満話を、佐賀弁でしていた。地元民はもっと熱いのがいいらしい。

風呂上がりのさっぱり感は、前と同じだった。湯が熱かったのに、風呂上がりがサッパリして爽やか。自分の第一印象が間違ってなかったことが嬉しい。

武雄温泉、二回目にして、ますます好きになった。

二〇二二年、西九州新幹線に「武雄温泉駅」ができた。駅舎も駅構内も駅前も整備されてきて、すごく気持ちいい建屋、モダンで居心地いい空間になってきた。カフェもいい。

近くには日本有数のスタイリッシュな図書館「武雄図書館」もあり、武雄はこれからもっと注目される街になりそうだ。

その二――嬉野温泉

●「大正屋」

嬉野で初めて絵付け体験をした後は、老舗温泉旅館「大正屋」の大浴場の温泉で疲れをとかした。ここの若主人には、六年間なにかとお世話になった。

館内には大浴場がふたつある。二階の「四季の湯」、地下の「滝の湯」。どちらもドデカい。天井が高い。壁に植物。着いた日は四季の湯に入って、翌朝は朝食前に、滝の湯に入った。

嬉野温泉は、「日本三大美人の湯」のひとつとよく書いてある。

それなら他のふたつはどこの温泉だろう、と思って調べたら、日本中にいろんな組み合わせの三大美人の湯があった。嬉野が入ってないのもたくさんある。テキトーだなぁ。まあ、規定なんてないだろうから、言ったもん勝ちなんだろう。

でも、嬉野温泉は、ボクの実感として、たしかに美しいなめらかな肌を作るであろうお湯だ。お世辞抜きにそう思う。武雄温泉とは、泉質がはっきりちがう。

無色透明、硫黄などの匂いもなんもないのだが、肌あたりがトロリと柔らかい。ドロドロしてるわけじゃないんだけど、湯の表面が滑らかに見える。

湯に入って自分の腕を撫でると、もうヌルッというか、スベッとした感触が手のひらにある。「これは肌によさそうだ」と初めて入った者に直感させるような心地よさ、説得力がある。

毎日お肌の手入れをしている大人の女性なら、すぐに「うん、これは絶対いい！」とお感じになると思います。

その後いくつか他の嬉野温泉の風呂に入ったけど、どこも泉質は似ている。総じて御婦人の方が喜びそうな湯だ。

それは一泊五千円程度の宿でも同じだったから、嬉野はお金をかけなくても、美人の湯にあやかることはできる。ここは強調しておきたい。

さる嬉野の人は、とあるラブホテルのお風呂の湯が、実は嬉野で一番温泉成分が濃い、と言っていた。ホントかい。

●「大正屋　椎葉《しいば》の湯」

大正屋には、少し離れた山の近くに「椎葉山荘」という別館がある。ここは嬉野全体でも一番人気らしい。週末はなかなか予約が取れないそうだ。

でもここの「椎葉の湯」は千五百円で立ち寄り湯ができる。ボクは何度目かに嬉野に行った夏、着いた夕方に行ってみた。

露天風呂は川のほとりにあり、向こうは低い山。ロケーションが素晴らしい。滴るような緑。川のせせらぎと鳥のさえずりが、耳に心地いい。

とろりと柔らかい湯に、からだを伸ばすと、思わず「あー」と声が出る。じじい全開。だんだん空の紺が深くなっていき、山が黒々としてくる。鳥は声をひそめ、星がひとつ、ふたつと瞬き始める。

自然と宇宙に包まれ、心地いい水の音を聞きながら、裸でお湯にとろけていく。まさに至高のひとときだ。しかもその時間は空いていて独占状態。千五百円は安い。

温泉から出たら、すっかり群青色になった空が、星でいっぱいになっている。

ほてった肌に外気が気持ちいい。川岸の木のテーブルで、まだ濡れた髪の女性がふたり、

「シーボルトの湯」。あのシーボルトが作ったわけではない

浴衣で涼んでいた。

●「シーボルトの湯」

嬉野には「シーボルトの湯」という公共温泉もある。

建物が大正風のゴシック建築で、すごくムードあるのだが、嬉野でいろんな人に、

「あの歴史に出てくるシーボルトが作った公共浴場なんですか?」

と聞いても、

「さぁ」

と言うばかりだ。嬉野の町の真ん中にあるのに、入ったことのない町民も多い。

なんじゃそりゃ、そこもまた佐賀らしいな、

と思って調べたら、今の形になってオープンしたのは平成二十二年だった。なーんだ案外、最近だ。歴史あり気な顔して。

でも、公共浴場としては江戸時代からあったそうで、シーボルトが入ったと言われているから、その名がついたのだそうだ。全然、シーボルト「の」湯じゃないじゃん。

ボクが思うに、シーボルトがいつ何をした人か正しく答えられる嬉野人は少ないんじゃないだろうか（ひでえ、嬉野人を馬鹿にしてんのか、己の無知を棚に上げ）。

それはともかく、ある時、昼間に入ってみたら、浴場は天井が高く、明るく、川の見える窓から爽やかな風が入ってくる、実に開放的ないい風呂だった。

シーボルトの湯、入るなら絶対日中がオススメ。ここに明記しておく。

「入船荘」のたたみ風呂。ビニール張りだがよくできている

二階が休憩室になっていて、近所の飲食店から食事の出前ができるのが面白い。

帰りがけに「もしかしてクスミさんですか」とご主人に声をかけられた。嬉野で顔バレしたのは、この時が二回目。

●「入船荘」

二度目に絵付けをしに行ったのが、二〇一八年一月十四日。

この日の佐賀は、最低気温が〇・五℃。最高気温が八・一℃。予想していない寒さだった。同じ日の東京よりほんの少し寒い。数日前には三日間、小雪が降り続いていたらしい。

佐賀で雪。意外。佐賀の人にそう言ったら、佐賀の北側は、日本海型気候なんだそうだ。たしかに日本海側だが、九州というだけでなんだか温かいイメージがあった。

人間、何かに夢中になると、部屋が寒いことも忘れてしまうことがあるようだ。

夜の工房で二時間ほど絵付けしていて、今日はそろそろ終わりにしようかな、と立ち上がったら、下半身を中心にからだが冷えきっているのを初めて感じた。

筆を持っていた手も、すっかり冷たくなって、痺れている。

ストーブの前に行ったが、手も足も背中も、全然温まらない。すぐ宿に帰ることにした。

コートを着て、送ってもらう車中でも、寒くて寒くて身を縮めていた。

部屋に入ってすぐ、これはもうとにかく温泉に入るしかない、と部屋に荷物を放り投げて、大浴場に向かった。

この宿「入船荘」のお風呂が実にユニークだった。

洗い場がなんと畳敷きなのだ。畳といってもビニール製なのだが、とにかく見た目も、踏み心地も畳。畳に座ってからだを洗う。こんな風呂は初めてだ。お湯でからだを流して、とにかく湯に浸った。あらためて、つくづく、しみじみ、嬉野温泉の湯はからだにやさしい、いい湯だと思った。前回の大正屋の湯に似ているが、もっととろとろな感じ。いや、この時の体調のせいかもしれないが。お湯が氷のようなからだを、やんわりじっくりと溶かしていく感じ。

冷え切っていた足腰があったまって行く時は、幸福が肌から染み込んでくるような心持ちだった。あまり熱くないのも助かる。

でも、冷え切った手の痺れは、湯の中でもなかなか取れなかった。

そうやって、十分以上も放心したように浸かっていただろうか。突然、それまでの痺れと違う、痛いような感覚が両手に湧きおこり、思わず、

「うーあーっ」

と声が出た。正座して痺れた足に血流が戻ってくる時の感じに似ている。それを機に、手はようやく元の感覚に戻っていった。こんな体験は初めてだ。

よっぽど冷えていたんだろう。どんだけ夢中で絵付けしてたんだ俺。

この温泉がなかったら、俺はどうなっていただろう、と思うほどの未体験な心地よさで、からだはゆっくりと冷えから解放されていった。

もっと浸かっていたかったが、待ち合わせの時間がきたので上がった。嬉野の三人と夕食を食べに行く約束をしていたのだ。

三十分ぐらい部屋で休みたかったが、着替えてすぐ近所の飲食店に出かけた。店に行ってビールで乾杯をしたのだが、ひと口目のあと、どうにもビールがおいしくない。ボクにしては珍しいことだ。ビールは残して、ウーロン茶をもらった。食欲もない。肉じゃがをそろそろと食べた。

辻さんに聞く吉田焼の話は興味深く、楽しかったが、なんともかんとも体調がおぼつかず、一時間ぐらいでおひらきにして、宿に帰った。

すぐに浴衣に着替え、敷いてあった布団に潜り込んだ。和室で、暖房はエアコンだけだったので、空気が乾燥するのが嫌で、つけないで寝た。

すぐに眠れたのだが、夜半に目が覚めたら、浴衣が汗でグッショリ。

これは風邪をひく、と思ってすぐ布団を出た。シーツも寝汗でびっしょりだ。

急いで浴衣を脱ぎ、シーツも剝いで、素早く汗を拭いてパンツも履き替え、Tシャツを着たが、寒くて寒くて、着替えながら全身がガタガタ震えた。

部屋には替えの浴衣もシーツも無かった。パジャマなど持ってきていない。しかたなく、翌日着る予定の長袖のシャツを着た。「寒い、寒い」と声に出して言った。エアコンをつけて、その下に汗まみれの浴衣を吊るし、大急ぎで布団に潜り込んだ。すぐに眠れたが、一時間程して目が覚めたらまた汗グッショリ。幸い浴衣が乾いていたので、それを着て、びしょびしょの下着とシャツをエアコンの下にかけて寝た。これをもう二回繰り返して、最後に目覚めたら朝だった。

起き上がると、熱もなく、どうやら風邪はひいていなかった。

旅先でこんな体験は初めてだ。

素泊まりだったので、朝風呂に入って、チェックアウトまでもう一度寝た。

ちなみにこの宿、一泊素泊まり五千円くらいから。安過ぎる。温泉がいいし、宿の人も感じいいし、寝るだけなら文句はひとつもない。こんな温泉宿が大きな旅館に混じって点在する。嬉野温泉は奥深い。まだまだ知らないことが多い。

遅い朝食は、近所のシブい店「あかつき食堂」に行った。

野菜炒め定食に、温泉湯豆腐を付けて食べた。

野菜炒めは、何かに似てると思ったら、ちゃんぽんの麺とスープ抜きだ。細切りのかまぼこなんかも入っていて楽しい。湯豆腐にはもちろんゴマ醬油と柚子胡椒だ。これらをそろそろ食べていたら、どんどん元気になっていくのがわかった。

旅先の病は心細いというが、侘しさが骨身に沁みた体験で、忘れられない。

あとで知ったが、佐賀は平均気温が一年を通じてほぼ東京と同じ。夏は暑くて、冬は寒い。これもまた佐賀の意外だった。

ちなみに、二〇二二年には、鉄道駅のなかった（これも意外）嬉野に西九州新幹線の「嬉野温泉駅」ができた。このことは今後の嬉野温泉に、どんな変化をもたらすのだろう。

その三——古湯温泉

●「古湯温泉」からの、かかし祭り

佐賀からバスに乗って、日帰りで古湯温泉に行ったのは、二〇一九年十一月だった。温泉に向かう途中の車窓から、刈り取った後の田んぼで、小学生たちが玉入れのような

よく見たら人形。よく見たら人間が混じっている

ことをしているのが見えた。

へー、そんな場所で。秋の運動会の練習だろうか、と思った。

が、なんだか様子が変だ。子供たちの動きが。

盆踊りの低いヤグラみたいなのもあって、上に和太鼓が置いてある。その上には、万国旗が風になびいている。

子供たちの動きが変、というより、動きが、無い。

あれ？　あの子供たち、人形じゃないか？

目を凝らすと、ヤグラの上にいるのは、浴衣などを着せた等身大の人型人形だ。

さらに奇妙なことに気付いた。人形たちの中に、本物の人間が数人歩いているのだ。同じ大きさの人形と人間が混じっている。え？　え？

今のはいったいなにが起こってたんだ？　それを知る時間もなく、バスは通り過ぎた。白昼夢のようだ。

さっそく、バスの中でネット検索してみたら、それらしいデータが出てきた。

たぶん「松梅かかし祭り2019」だ。

十月二十三日から十一月二十三日まで、佐賀市大和町大字梅野広坂有木地区（この住所、大字の下がなんと読むのかどこで切れるのかまったくわからん）で開催されている（だが住所に「松梅」はないが）とのことだ。

公式サイト（らしい）を見たが、期間と場所と入場料無料ということ、そして問い合わせ先電話番号が書いてあるだけ。画像はこのイベントのポスターらしきものの複写が、ぺたんと一枚貼ってあるだけ。

この祭りがどういうものか、歴史も、意図も、規模も、人形たちを誰がが作っているのか、ナンッニモ書いてない。

ただ、複写ポスターに出ている写真は、バスの窓から見たのとそっくりだから、これであることは間違いない。

カカシたちの玉入れ競争。時間が止まっているのに風が吹いている不思議

なんなんだその祭りは？

古湯で温泉に気持ちよく入ってる間も、上がって休息室でゴロンとしている時も、さっきの不思議でユーモラスな光景が頭から離れない。

帰り、バスの時間が合わず、タクシーで佐賀駅に向かった。

タクシーの運転手にカカシ祭りのことを聞いてみたら、当然だろうが、知っていた。

それで途中で降ろしてもらい、待っていてもらって、かかし祭りをひと回りしてきた（そんな時間で見てこられる規模なのだ）。

会場には入口も受付も立て看板も無い。

いやー、面白かった。

体操着の子供達が、カラフルなボールで玉入れをしている。綱引きをしている。徒競走をしている。

近くで見ると、そんなに精巧に作られているのではなくて、顔などは布で簡素に作られて目鼻もないものだった。

だけど、なにしろ等身大であることと、実物の体操着やジーパンやエプロンを着せてあることで、遠目には本当に人間ぽい。やや着古した衣類が生々しい。

そして、動きを止めたそのポーズが、実にリアル。玉入れでもボールを投げた瞬間のポーズや、地面のボールを拾ってる姿。玉の行方を見つめている立ち方。

徒競走は、ゴールの瞬間。胸をのけぞらせてテープを切ろうとする一位の児童。前のめりになってる二位。後方には転んでいる子がいる。センスあるなぁ、と笑ってしまった。

盆踊りのカカシたちを撮ってる人たちが、カカシに混じって踊って、笑っている。なんだかシュールだ。フェリーニの映画みたいだ。

「祭り」なのに、見物客よりカカシの方がずっと多い、というのがまず面白い。カカシの群れに、生きたカカシが迷い込んだような形だ。

祭りの現場にも、祭りに関する説明の類はマッタク無かった。もちろんガイドなんていない。アナウンスも音楽もない。

見た目は賑やかなお祭りなのだが、シーンとしている。囲いもないから、祭りの範囲、不明。田んぼの一部が、ただ、ナントナク祭り的なことになってる。

少し離れたところにも、釣りをしてる人やブランコに乗ってる人が、単体で、静かに、いる。もちろんカカシの人ね。

静かに淡々と面白過ぎる。

ボクは声を立てずに笑って、ただ写真を撮った。俺はいったい何をしてるんだろう？

この説明のなさ、めりはりのなさ、全体像のつかみにくさ。

それが佐賀の大きな特徴のひとつだとわかるまでには、もう少し時間が必要だった。

その四――野田温泉

●曳山展示場からの「野田の湯」

唐津といえば「唐津くんち」だ。カカシ祭りと違って、全国的に有名である。ボクはまだ見たことがない。

十一月の初旬に行われるこの祭りは、国の重要無形文化財に指定され、ユネスコ無形文化遺産にも登録されている。期間中は五十万人もの人出があるそうだ。

でっかい鯛みたいのを、群衆が担いでる写真は見たことがある。

鯛は「曳山」のひとつで、通常「やま」と呼ばれる。曳山には十四種ある。

これを唐津の「曳山展示場」に見に行った。

最初の曳山が作られたのは一六〇〇年頃で、それから明治九年までに十五台が奉納されたが、一台は明治中期に壊れて無くなったままなんだそうだ。

そんなの作り直せばいいじゃん、と無責任に思ったが、これが相当難しいらしい。曳山は、毎年のように新作を作るねぶたの山車とは全然違う。

粘土で型を作り、その上に和紙を二百枚くらい貼り重ねる。それから粘土を出して、竜骨を組む。そしたら漆の下地を七〜八回塗り重ね、さらに漆を中塗り、上塗りとやって、最後に金箔を施して仕上げる。

作るのにも、メンテナンスにも大変な技術と時間とお金がかかるのだ。今回、間近で実物を見たが、確かに漆の塗りが分厚いように見える。それがとにかくデカイ。重さ二～四トンあるそうだ。

クジラでも大仏でもそうだが、デカイものは「デカイ」というだけで見る者を圧倒し、時にそれだけで感動させる。

曳山では鯛がメジャーだけど、赤い獅子とか青い獅子とか源義経の兜（カブトだけかい、中の義経はどーした）とか、見たことないのがいろいろあった。

ボクが気に入ったのは、亀と浦島太郎。突然そこだけ日本昔話。なんで？
ちゃんと亀に乗った浦島太郎なんだけど、その顔がなんともトボけてる。他は全部、目立とう出しゃばろう凄いだろう派手だろう、なのに、この浦島太郎さんだけ緊張感ゼロ。
「あー、あそこ、ドローンが飛んでますねー」

ってな呑気な顔で、空を見てる。ちょっと口も開いてて歯が見えてる。釣竿まで持ってて、五十万人の大騒ぎもどこ吹く風。大きさもほぼ等身大の人間。

太郎の乗ってるバカデカイ亀の顔がスゴイ。目ぇ剝いて牙剝いてベロ出して、耳まである。牙も耳も亀には無いぞ。完全に怪獣だ。

この亀と浦島の顔の落差がたまらない。

係の人の説明によると、当初は浦島太郎じゃなくて、宝珠が乗ってたんだそうだ。どうして太郎になったのか？　誰がこんな呑気な顔にしたんだ？　答えは不明。

そんな曳山たちを、誰にも邪魔されず静かに見られる「からつ曳山展示場」は、唐津の、いや佐賀のオススメスポットだ。

お土産には「ミニ曳山ガム」がいいだろう。曳山を、なんでまたガムにしたんだろう？　まんじゅうでもビスケットでも飴でもなく、ガム。チューインガム。

曳山を、口に入れてくちゃくちゃ嚙むって。軽くどうかしてる。

極彩色で十四種十四個。買うなら全部欲しい。でも食べるのがもったいない。

このガムの浦島太郎はなぜか全身白くて、ちょっと怖い。これも、なぜ？

なぜガムにしたのだろう。でもガムが4.000円は高いのでは

唐津には『野田の湯』という温泉施設がある。ちょっと山に入ったところ。

ここも駅からはずいぶん離れているので、車で連れて行ってもらった。

宿泊施設はないが、食事処も休憩室もあり、コンパクトに充実している。

お風呂も大きくはないが、天井が高く、ウッディな感じで、ここのお湯もまたよかった。佐賀の温泉は、どこに行っても外れなく泉質がいい。

あ、そうそう、サウナ室もあった。温泉じゃぶボクはまず入らないけど。

石造りで緑に囲まれた、こぢんまりした露天風呂に入っていたら、佐賀弁丸出しのおじいちゃんに話しかけられた。

会話はとても楽しかったけど、肝心なところが何言ってるかわかんなかった。わかんないくせに、曖昧に笑って、曖昧に頷いてる俺。いい加減な男だ。

でも裸だし、気持ちいいし、それでいいような気がした。

浦島太郎とか曳山ガムとか面白くてわかんないことの多い日だった。

その五——いろは島温泉

●「国民宿舎いろは島」から伊万里の居酒屋

佐賀に誘ってくれた二人が、最初の頃から「いいですよ」と言ってた場所に「いろは島温泉」があった。コロナの緊急事態宣言が解かれた時、行ってみた。

いろは島というから、当然そういう島に船で渡るのかと思っていた。

ところが、いろは島というのは、たくさんの小さな島が集まった全体を指すもので、いろは島温泉は、そこを眺める本土の海岸にある温泉だった。正確には「国民宿舎いろは

いろは島温泉もコロナで独占状態

島」という。
しかし、交通手段はまたも車だけ。先の二人は車の免許を持っているが、ボクは持っていない。唐津駅から、タクシーでひと山越えて向かった。送迎バスもあるようだが、たまたま宿泊施設が改装中で、走ってなかったのだ。だけど日帰り入浴は営業中（ならバス動かせって話。ま、これもコロナのせいだ）。
いろは島は、文字通りいろは四十八の小島からなるというが、そのほとんどが長崎県松浦市に属している。
なーんだ、佐賀の名所とされながら、佐賀じゃないのか。借景かい。なんかちゃっかりしてる。そんなところにも、もはや佐賀らしさを感じるようになっていて、笑ってしまった。

かの弘法大師も訪れ、あまりの景観の美しさに、思わず筆を落とした、と言われる。ま、作り話だろう。弘法大師、全国でウソ話に使われすぎ。いや、自分でホラ吹きまくってるのか。そのどっちもだろう（なんて、信者さんにぶっ飛ばされるな）。

この日は雨の予報だったのに、着いたら青空が広がっていた。海が真っ青。陸に近いところはエメラルドグリーンぽく、沖の方は紺碧。透明感があり、すごくきれい。白砂でなく、黄土色の砂と海の色との対比も美しい。

海岸には誰もいない。和菓子のような小さく丸い島々が、水平線にぽこぽこ並ぶ風景に、しばらく見とれる。

温泉の大浴場からの眺めはさらに見事だった。海岸よりずっと高いので、島々の遠近感が浮き立つ。窓はワイドパノラマで、真昼の温泉はガラガラでお湯も肌当たりよく、サイコー。これは帰ってきてから、絵に描いたほどだ。

湯上がりは、ロビーのソファーで昼下がりの時間をゆっくりくつろいだ。

ロビーから表に出るドアがあり、裸足でコンクリートのテラスに出ると、海からの風にはいきなりリゾート感があった。佐賀の他の温泉でこういうのはなかったな。

帰りは温泉から電話でタクシーを呼び、松浦鉄道の鳴石駅に行ってもらった。

その六——祐徳《ゆうとく》温泉

●祐徳稲荷神社からの祐徳温泉

佐賀には、日本三大稲荷のひとつがある。佐賀の人から最初にそれを聞いた時、

「うっそー」

とは、言わなかったけど「出た、日本三大」と思った。つまり「ホントかい」という疑いの気持ちだ。ネットで調べるとザクザク出てくる、異なる組み合わせの日本三大。美人の湯に続いて、今度は稲荷かい。「祐徳稲荷神社」なんて、ゴメン、聞いたことがない。だけど、さすがにこれは佐賀に対する無関心というより、ボクの無教養でした。

祐徳稲荷神社の正月三が日の参拝者は、七十万人。これは、九州では太宰府天満宮に続いて第二位。年間参拝者は三百万人とある。

とはいえ、つい、ついでに調べてみた川崎大師は、三が日だけで参拝者三百万人。一人百円落としても三億円だ。千円使えば三十億円。人気の飲食店・土産店は、正月だけで一年暮らせるかもしれない。川崎大師、スゲエ。って、ごめん祐徳さん、オトシメるつもりではないです！　人口の違いですね。

祐徳さんは、二〇一五年にタイのドラマ「Stay」の舞台になったことから、タイ人観光客がどっと増えたそうだ。そのことは佐賀の人に聞いた。どんなドラマなんだろう。

しかし、ネットでそんなことを知ると、佐賀漫遊をしている身としては、祐徳さん、一度は拝んでおかねば罰があたる気がしてきた。

それで、二〇一九年十一月三十日、嬉野に絵付けに行ったのち、参拝しに行った。ここも鉄道駅が近くに無いので、肥前鹿島駅からバスかタクシーを利用するしかない。

到着すると、この日は土曜日にも関わらず、がらんと空いていた。参道の食堂も閉まっているところが多く、軽くシャッター通りだ。

とはいえ、少ないが観光客もいる。コロナ前で、タイ人と思しき小団体にも遭った。山道を抜け、山門をくぐり、さらに進むと本殿が見えた。

伝統と現代と自然と造園の融合

おお、これはかなりすごい。想像以上の大仕掛けだ。

本殿は、山の斜面に築かれた朱色の櫓の上に建ってた。清水の舞台的な形だ。大きさ的に清水寺ほどの規模ではないが、かなりありがたみを感じる、浮世離れしたビジュアル。

そしてその周囲の造園が素晴らしい。紅葉の時期、桜の季節も美しいだろう。

佐賀県随一の観光スポットと言われる説得力はある。

「これは、もしかして日本三大稲荷かもしれない」

と、ようやく思った。でもこんなの教科書でもテレビでも見たことがない。

しかし、朱色の櫓の右手にある、ミラーガラスのモダンな建造物がものすごく目立つ。なんだろう。

近づいてみたら、本殿に上るエレベーターだった。なんか、笑う。

エレベーターはピカピカの青空を反射して、本殿よりモダンでシュッとしていて、つまり目立ってる。それでいいのか神様に対して。

ボクは、安易にそれで上ったら神様に悪い、というかご利益が薄れる気がして、左手の階段を自分の足で、五階建てぐらいの高さをエッチラオッチラ登って、本殿に上った。

でもそこからの見晴らしは、すこぶるよかった。山の間にある神社の全体像を見渡すことができた。コンパクトだが、無駄なく厳かにまとまっていて、目からありがたみのようなものが静々と入り込んでくるような気がした。

お賽銭を入れ、この連載が単行本になったら売れるようにお祈りして、まあ下りぐらいはとエレベーターで降りようとしたら。

エレベーター、有料！　マジか。なんと三〇〇円もする。しかもそれは「初穂料」だと。怒りはしない。笑った。苦笑い。

でもなんだか料金払ってまでそれに乗ってひと息に下りるの、ムナシイような、横着なうような気がして、階段で降りた。

エレベーターは、足腰の弱くなったお年寄りや、足の不自由な方のためということで。

さて、祐徳さんの近くに……いや近くでもないな、歩いたら四十五分だ、とんでもねえや。「祐徳温泉宝乃湯」という温泉がある。ここに車で連れて行ってもらった。

いわゆる日帰り温泉施設。大きくて新しい建屋。中も明るくてきれいで、今風の造り。歴史感、神社っぽさは、ゼロ。

お風呂も大きなガラス窓から外光が入り、気持ちいい。お湯は嬉野温泉に似た、美人の湯系。湯の底から人工的に泡を出している。泡の具合は静かでよい。たまに盛大に泡を出してる風呂があるが、あれはウルサイ感じがして落ち着かないから入らない。

サウナもある。遠赤外線と蒸気のと、二種。もちろん付随して水風呂も。打たせ湯もあって、座風呂、寝風呂もあった。今回はそういう変わり風呂、すべてパス。電気湯もあったが、これはもう、大っ嫌い。お湯の中の電気ビリビリ、最悪。

全体的に、洗練された今の都会的施設だった。

が、湯から上がってロビーに行くと、

「冬物入りました！　今年のトレンド商品たくさんあります！」という張り紙とともに、

オバチャン服が一着千八百円でたくさん吊るし売りされていた。急にそこだけ、ずいぶん田舎っぽくて笑っちゃったが、同時になぜかほっとした。気取らない、かっこつけてないのが、いいよ。お風呂なんだから。

その七——平谷《ひらたに》温泉

酒蔵の町、鹿島《かしま》へ行くのは、佐賀空港からよりも長崎空港からの方が早い。車で長崎空港に迎えに来てもらい、鹿島に向かう途中、山中の車窓から古い木造平屋の建物が見え、木の看板に白い文字で「平谷温泉」と書いてある。思わず、

「あ、あそこ温泉ですか？　シブいですね！」

と、今回の仕事の依頼者でもある運転手さんに言うと、

「あ、あとで行きましょうか？」

と言う。もう鹿島は近いので、一旦宿に荷物を置いて、また来ましょうと。

その時は「こんな山の中に温泉があるのか」と思っただけだったが、少しして、ハッと

長崎空港から鹿島に行く途中の山中にある「平谷温泉」

思い出した。

佐賀通い二年目頃から、ボクは仕事場のトイレに佐賀の地図を張って、用を足しながら毎日見ているのだ。

それで佐賀県の南の方の山の中、長崎県との県境あたりに、確かにポツンと温泉の名前が書いてあった。そこは佐賀の辺境部で、さすがに行けないかな、と思っていた。周りに何もなさそうだし、誰かに車で連れて行ってもらうのも、ついでがなければ遠くて悪いような。

スマホを出してマップを見たら、今しがた見たのは、まさにそこだ。

そうか、長崎から車で来れば、通り道だったのか！　これはラッキーだ。

中に入ると想像と違ってモダン。窓の外は森

一旦鹿島に行き、酒蔵に挨拶をして、宿に荷物を置き、平谷温泉に戻ってもらった。

うん。シブい。よくこんなところに温泉を。どういう人が来るんだろう。

宿泊施設もあるが、コロナ以来臨時休業が続いているという。

料金六〇〇円を払う窓口にも人影はなく、離れのような家の窓の外に、ザルが置いてあるだけだ。そこに入れるらしい。ボクは真面目に百円玉六枚を入れた。でもこれではタダでも入れちゃうぞ。

外観こそ古い木造だったが、浴室に入ると、浴槽は石でできた新しいもので、大きな窓には周囲の深い森が広がっている。看板などからもっとシブボロい風呂を予想していたので、ちょっと意外だった。

お湯もよかった。泉質は嬉野タイプとは違う。美人系ではなく、もっとサラッとしている。これもまた気持ちいい。湯温もちょうどいい。

窓の森に向かって湯に浸かっていると、深山幽谷の温泉に抱かれているようで、心がすーっと落ち着いてくる。

佐賀で今まで入った温泉とはひと味違う、山奥らしい温泉だった。

途中から入ってきたひとり客は、この近くの小学校の先生をしていた人だった。

「ここから見える経ケ岳《きょうがだけ》は、佐賀で一番高い山です。学生を連れてよく登りましたよ」

と(佐賀弁で)話してくれた。

そういえば、佐賀で山の話は聞かないし、車や電車の窓から、大きな山を見ていない。

今調べたら、経ケ岳は標高一〇七五・七メートル。確かに佐賀県最高峰とある。佐賀県鹿島市と、長崎県大村市の境にある山だった。

佐賀で一番、といっても半分長崎。ここもまた佐賀らしい。

「この近くにダムがあるんですが、それによってできた湖に沈んだ集落もありました。学校の帰りに寄り合いで集まってた家も、水の底になりました」

ダムにはいつもそういう話があり、それを聞くと胸がちくりと痛む。その話を土地の言葉で聞くとなおのことだ。

だけど温泉が気持ちいいので、あまりしんみりとはならず昔話として聞けた。

元先生は、ほぼ毎日この温泉に浸かりに来るという。いい余生だ。

平谷温泉は、江戸時代から、武士や地元の人の湯治場だったんだそうだ。地図で見てた時は、ただ辺境の温泉と思ってたけど、そんなに歴史があるのか。来てみるものだ。

挨拶して風呂を上がると、だいぶ日が暮れてきていた。

近くに粗末な木造りの小屋があり、開いた引き戸の中に炎が見える。引き寄せられて覗くと、横に倒したドラム缶の中に焚き火がおこしてあった。横に長椅子もある。さっきこんな火はなかった。温泉利用者のための暖炉のように思える。

中に入って、火にあたった。木のはぜる音が、この山の中の温泉の雰囲気にぴったりだ。

ボクはしばらくそこに座って、炎を眺めていた。

今日は、入ることはないと思っていた温泉に偶然のように入ることができて、よかった。

焚き火の時間は、その炎のように静かで豊かなものだった。

風呂の隣の小屋の中にドラム缶焚き火。あたっていいのか？

しかもこのあと鹿島で、小さな酒宴に招かれているのだから、たまらない。喉も渇いたし、うまい具合にお腹も空いてきた。

しかし、本当にこの焚火が温泉利用者へのサービスなのかは、結局わからなかった。なにしろ何も書いてないのだから。

POST CARD

料金受取人払郵便

小石川局承認

7741

差出有効期間
2025年
6月30日まで
(切手不要)

1 1 2 - 8 7 9 0

127

東京都文京区千石4-39-17

株式会社　産業編集センター

出版部　行

★この度はご購読をありがとうございました。
お預かりした個人情報は、今後の本作りの参考にさせていただきます。
お客様の個人情報は法律で定められている場合を除き、ご本人の同意を得ず第三者に提供することはありません。また、個人情報管理の業務委託はいたしません。詳細につきましては、「個人情報問合せ窓口」(TEL：03-5395-5311〈平日 10:00 ～ 17:00〉)にお問い合わせいただくか「個人情報の取り扱いについて」(http://www.shc.co.jp/company/privacy/)をご確認ください。

※上記ご確認いただき、ご承諾いただける方は下記にご記入の上、ご送付ください。

株式会社 産業編集センター　個人情報保護管理者

氏名《ふりがな》

(男・女／　　　歳)

ご住所　〒

TEL：	E-mail：

新刊情報をDM・メールなどでご案内してもよろしいですか？	□可　□不可
ご感想を広告などに使用してもよろしいですか？	□実名で可　□匿名で可　□不可

ご購入ありがとうございました。ぜひご意見をお聞かせください。

■ お買い上げいただいた本のタイトル

ご購入日：　　　年　　月　　日　　書店名：

■ 本書をどうやってお知りになりましたか？

□ 書店で実物を見て
□ 新聞・雑誌・ウェブサイト（媒体名　　　　　　　　　　）
□ テレビ・ラジオ（番組名　　　　　　　　　　）
□ その他（　　　　　　　　　　）

■ お買い求めの動機を教えてください（複数回答可）

□ タイトル　□ 著者　□ 帯　□ 装丁　□ テーマ　□ 内容　□ 広告・書評
□ その他（　　　　　　　　　　）

■ 本書へのご意見・ご感想をお聞かせください

■ よくご覧になる新聞、雑誌、ウェブサイト、テレビ、よくお聞きになるラジオなどを教えてください

■ ご興味をお持ちのテーマや人物などを教えてください

ご記入ありがとうございました。

第五章　佐賀の名産を食べる、知る

佐賀空港で食べた、佐賀のローカルフードという「シシリアンライス」。豚肉・生野菜と共に、佐賀名産レンコンの素揚げと有明海苔がのっている。佐賀に来るまで見たことも聞いたこともなかった。味は……おいしいけど感想がムズカシイ

その一——有明海苔と海苔漁

●有明海を見て、海苔のことを考えた

飛行機で初めて佐賀に来た時、機窓から、空港近くの海の上に、見たことないものを見て目を奪われた。

海面に、海の色より濃い色の長方形が整然と並んで、どこまでもどこまでも続いている。長方形には黒っぽいのと、もっと薄い色のがある。

空からで周りに比べるものがないので、大きさはわからないが、ひとつ二メートル×八メートルくらいだろうか。いやもっと大きいか。

それらは水面に浮いているのではなく、浅い水面下にあるように見え、そこが不思議だ。

飛行機の高度が下がると、その間を行き来する小さな船が何隻か見えた。

なんだあれ？　と眺めながら、しばらく考えて、

「あ……ひょっとして、海苔の養殖かな」

と思い至った。

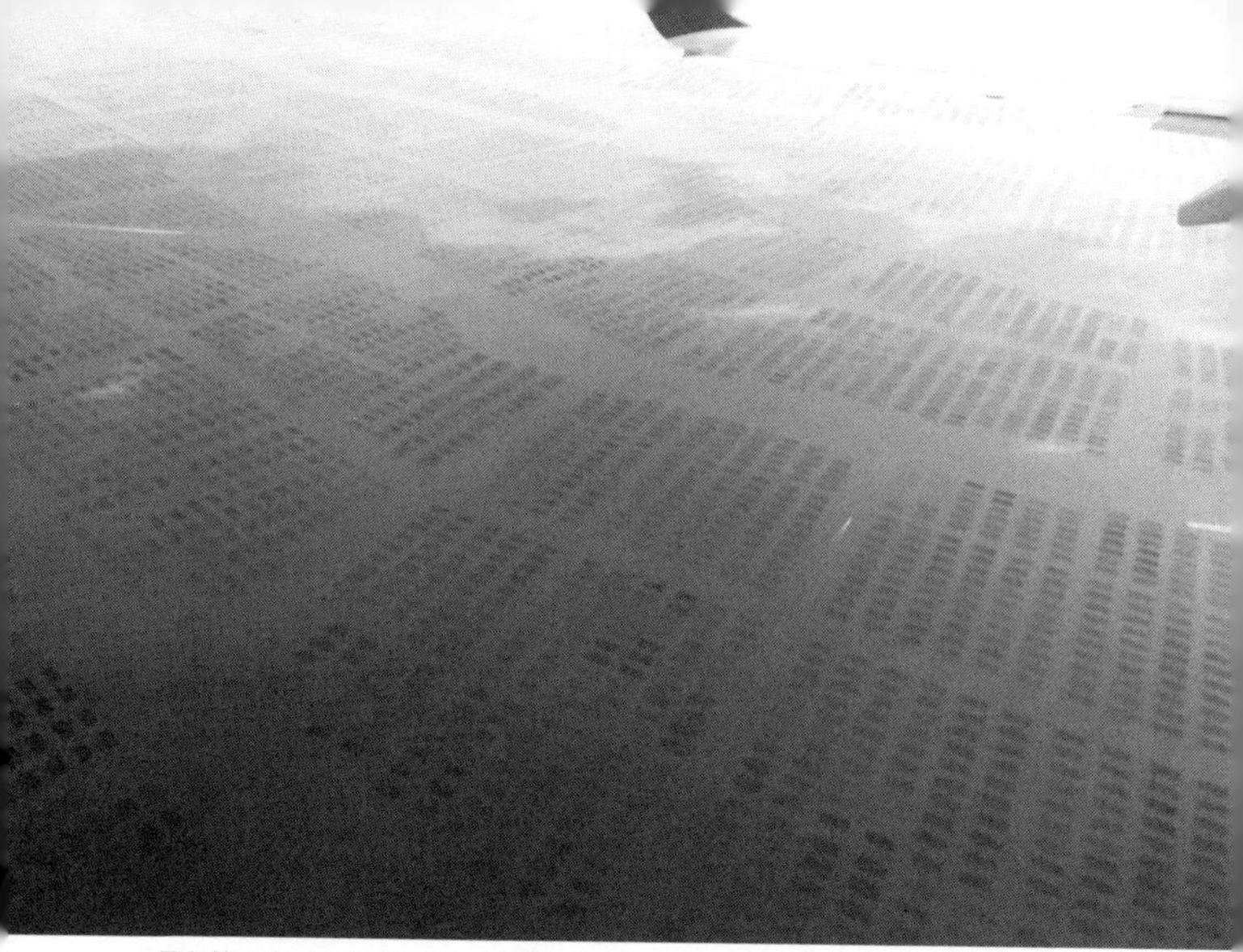

飛行機の窓から初めて撮った佐賀・海上に広がる長方形はなに？

有明海苔。眼下の海は、たぶん有明海だ。いやしかし「そんなに？　海苔を？」と思うほどの広大な面積に長方形は広がっていた。佐賀に着いて、土地の人に聞いてみると、やはりそれは海苔だった。

海苔はそんなに大量に作られているものなのか。いきなり佐賀に驚かされた。

でも冷静に考えたら、海苔は、日本人なら誰でもどこでも日常的に食べている。

コンビニに行けば、たくさんの種類のおにぎりが並んでいる。のり巻きもある。のり弁もある。寿司屋に行けば、海苔巻きをはじめ様々な巻ものがある。

そしてそれらは家庭でも作られる。実家に

は焼き海苔を保管する機密性の高い大きな茶筒型のブリキ缶があったな。ただお醬油をつけて、白いごはんを巻いて食べた。

お餅も海苔で巻いたら磯辺巻きだ。串団子にも海苔で巻いたのがある。

ざる蕎麦には細切りした焼き海苔だ。ラーメンにもしばしばのっている。いや大量にのせてる家系ラーメンもあるぞ。焼きそば焼きうどん冷やし中華には細切りを振りかける。

海苔せんべいもある。あられにも巻いてある。

旅館の朝食には、焼き海苔や味付け海苔が出る。居酒屋の締めの海苔茶漬けもある。

その他にも、ポテトチップとかスナック菓子には「のり味」が必ずある。ふりかけもあるか。

お歳暮お中元には高級海苔が贈られたりする。

いやぁ、あらためて考えたみたら、日本人は日常的にいろんな食べ方で様々な方法で、とても頻繁に海苔を食べている。そう考えると、あのくらい広い海苔畑（？）も必要だ。

これほど海苔を摂取している国はほかにあるだろうか。ないと思う。韓国だって、日本ほどは食べないだろう。

欧米に海苔料理は皆無と言っていい（と思う）。

アメリカ人は、せんべいは喜んで食べるが、海苔せんにはほぼ一〇〇％手を付けない。と、ニューヨークに住む友人が話していた。なんで？　と聞いたら、友人は「食べる習慣がないから、真っ黒くてちょっと不気味なんじゃない？」と言っていた。うーん、いまいち釈然としない。

話が逸れまくっているが、とにかく、この小さな島国では、もの凄い量の海苔が消費されている。当然それに見合うだけの海苔が収穫されなければならないわけで、あのくらいの面積は必要かもしれない。今まで考えたこともなかった。って、ぼーっと生きてんじゃねえよ！

●海苔漁師さんに話を聞く

佐賀に通うようになると、そのことを度々エッセイに書くようになった。そうなると仕事として佐賀で「取材」する必要も出てくる。

そんな流れで、ボクは佐賀市諸富町の若き海苔漁師・横尾雅也さんを訪ねた。

朝、佐賀市諸富町にある横尾さんの自宅に寄らせてもらう。生まれ育った家だ。近隣の家もみな海苔漁師だそうだ。

庭には海苔の乾燥室があった。採れたばかりのドロドロの海苔をここで、紙漉のように薄く漉いて、乾燥させ、板海苔にする。「いちげん。」で食べた干し海苔だ。見せてもらったが、ベルトコンベアから四角い海苔がすごいスピードで出てきて、重なって、束ねられていく。これを工場に出荷し、さらに加工して、焼き海苔ができあがる。

横尾さんの父も祖父も海苔漁師で、海苔漁は今や雅也さんの仕事だが、乾燥の作業はご両親がしている。

横尾さんに海苔の養殖の仕方を聞いた。これも今まで考えたことがなかった。六十余年、食べてきたのに。

夏の間、牡蠣の貝殻の中で海苔の胞子を育てる。そして秋、海水が冷たくなった時、胞子を貝殻から出して、落下傘と呼ばれる袋に入れ、網につけて海上に張る。

しばらくすると牡蠣殻から出てきた胞子が網に付く。そしてそこから海苔の芽が出る。それが三〇センチほどに伸びたら、海苔の収穫が始まる。この時最初に採れるのが「一番海苔」だ。よらん海の話と、繋がった。

一九四九年にイギリス人の女性藻類学者ドリューが、海苔の胞子が牡蠣殻に潜り込んで夏を過ごすことを発見した。そこから現代の海苔養殖は始まった。

昭和二十三年か。七世紀から海苔を食べてきた歴史からしたら、つい最近の話だ。

それまでは、胞子が夏の間どこにいるのか、わからなかったのだそうだ。だから海苔の採れる場所に網を張って、海苔の胞子が自然に付着するのを待つしかなかった。

ドリューの発見は、日本の海苔養殖の革命だったのだ。初めて知った。

養殖方法には、有明海などの支柱棚式と、もっと深い海で行われる浮き流し式がある。

有明海の支柱式には、他の海にない利点がある。有明海は干満の差が日本一大きいのだ。干潮になると水位が下がり、なんと海苔の付いた網が空気中に出てしまう。

海苔はこの間、太陽光を直接浴び、満潮が近づくと、また海の中に沈む。このことが、海苔をよりおいしくするのだという。これにもちょっとびっくりした。そんな、海草を海から出して日に当ててたら、乾いて死んで（枯れて）しまいそうだ。

●海苔漁船に乗せてもらう

横尾さんはなんと自分の船で、ボクを養殖場に案内してくれた。

その日は天気がよく、少し寒いが海の上は気持ちよかった。川幅広大な筑後川を下って、有明海に入る。

筑後川の水はやや茶色い。それは山からの栄養分がたっぷり含まれているからで、それがおいしい海苔を育む。

「ボクたちがこうして海苔漁をできるのは、本当にこの筑後川のおかげなんです」

という横尾さんの言葉には、実感がこもっていた。

やがて船は有明海に出て、港から三十分ほどで養殖場についた。前に空から見たのと違うのは、まだ網が張られていなくて、支柱だけが無数に立っているからだ。

ここに一・八メートル×二〇メートルの網を張っていく。これが空から見た時二メートル×八メートルくらいか、と思った長方形だ。黒っぽかったのは、やはり海苔の色だった。

網の色は、横尾さんのところは緑色だったが、赤や黒のネットもあった。

支柱は長さ八メートルから一〇メートル。ＦＲＰ製で重さは約五キロ。持たせてもらっ

横尾さんの船から撮った有明海の海苔養殖場

たが――――。長い。重い。

これを一本一本、人の手で遠浅の海底に、倒れないようしっかり挿していく。大変な力仕事だ。潮の流れもあるから、まっすぐ立てるには力だけでなく技術がいる。

横尾さんの養殖場ではこれを何本立てるのですか？　と聞くと、

「ウチは東京ドーム三つほどの広さなんで、四千本です」

と笑顔で答えたので、のけぞった。四千本！　気が遠くなる。

「立てるのは力ばかりじゃなくて、コツなんですよね」

と笑う横尾さんは、たしかに筋肉モリモリのマッチョ体系ではない。

「でもその時期は、毎日毎日船に支柱を積んでいって、延々その作業ですね」

笑って言うが、大変な重労働だ。しかも毎年シーズンが終わると、有明の魚漁師のために、立てた柱を全部抜かねばならない。

抜く方は、挿すのと違って機械が使える。とはいえ。四千本。毎年挿して、また抜いて、挿して……気が遠くなるような永久運動に思えた。

しかし、広い有明海で自分が網を張る場所をどうやって確保しているのですか？　と聞いたら、これまた意外な答えが返ってきた。

「毎年、くじ引きで決めます」

くじ引き！

水質豊かな有明海といえど、やはり場所によって、水質、含有物、流れは違う。当然、漁に有利な場所と不利な場所がある。

そこで、毎年場所を変えているのだそうだ。いやぁ、もともと自然任せの部分も多い漁だが、そこにくじ運も加わるとは。毎年、くじ引きの日はドキドキだな。

●海苔の収穫

成長した海苔は、昔は網から手で摘まれていたが、今は網ごと外し、機械で摘んでいる。海苔は一年に十回ほど収穫できる。繰り返すが、一番海苔が最も柔らかく香り高い。でも、十番海苔には十番海苔ならではの用途がある。たとえば、コンビニのおにぎりの海苔は、そういう海苔でないと、パリッとうまくいかないという。家系ラーメンなどの、丼のフチからはみ出してズラリと並んでる海苔も、九番十番とからしい。

佐賀ラーメンにのってるのは、佐賀人ならではの海苔へのコダワリだろう。小さくても香りも味もしっかりしている。

船に乗せてもらっている時、横尾さんは度々すれ違う船の若い漁師に声をかけていた。最近は横尾さんの後輩など、若い漁師も増えているという。いいじゃないか。デコトラみたいに、派手なペインティングを施した海苔漁の船も見た。やってくれやってくれ。若い衆よ、楽しんでお仕事に励んでください。

網を張り、海苔の種付けが始まるのは十月二十五日。今はまさに直前だ。そこから海苔漁が忙しくなる。そんな時期に、わざわざ養殖場に連れていっていろいろ説明してくれた

「いちげん。」のラーメンに干し海苔を入れたところ

横尾さんに感謝。

いやー、ボクは大好きで日常的に食べてきた海苔のことを、なんにも知らなかった。

●海苔の話、おまけ

この取材から二年ほどして、TVの撮影で横尾さんに再会した時、自宅のトースターで焼いてきたばかりの焼き海苔を食べさせてもらった。

これがうまかったのなんの！　パリパリサクサクとして、何もつけないでもウマイ。味わったことない海苔の味。口の中から鼻に物凄いいい香りが抜ける。歯ごたえもいいから手も口も止まらない。タッパウエアに入れて持ってきてくれた大きいままのを、思わず三枚ぐらいたて続けて食べてしまった。あの味は本当に驚いた。

有明海の海苔は十九年連続日本一の生産量を誇ってきたが、この原稿を書いている二〇二三年、収穫量が前年の三〇%も下回り、兵庫県に一位の座を譲ったというニュースが飛び込んできた。

雨が少なかったことや、赤潮の発生が原因だそうだ。

横尾さんも大変だろう。でも自然相手の仕事、こういうことがあるのは避けられない。一位奪還を目標にがんばってください、応援してます。

それと、最近佐賀で聞いた話だが、日本人や韓国人は古代から海苔を食べてきたから、海苔を消化して栄養分を吸収することができる。

だが海苔食文化のない欧米人には、内に海苔の消化酵素が無いのだそうだ。へぇ！　と驚いた。それで、本能的に海苔せんべいを拒否するのかもしれない。

ちなみにイギリス人の中には、古来から海藻を食べてきた民族がいる。彼らのからだには海藻を分解できる酵素があるだろうから、海苔せんべいに抵抗ないかもしれない。

その二——佐賀の農家を訪ねた

佐賀にはいつも驚かされてばかりの六年だった。

初めて訪ねた時、見渡す限り緑の田んぼだった大地が、翌年の五月に行ったら金色の麦畑になっている。土地勘がないから、全く別の道を走っていると思った。

同じ場所なのに、農地の風景が全然違う。

まさに麦の刈入れ期だった。先に大麦、それから小麦。刈り取られんとしている麦は、陽光を浴びて黄金色に輝き、眩しいほどだ。

麦を収穫したのち、そこを耕し水を張って、田植えをするという(しないところもある)。

なんと麦の作付け面積は、北海道、福岡に続いて全国三位だという（一位と二位の差はものすごいだろうけど)。

ビールや焼酎に使われる二条大麦に限っては、実に全国一位の作付け面積だと！

いやはや知らなんだ。ボクは今までずっと、佐賀の麦を飲んでたのか。

十月に稲刈りをしたら、野焼きをして藁を灰にして肥料に変え、麦を植える。佐賀では昔から、米と麦の二毛作が盛んだったという。米と麦の二毛作。これも佐賀で初めて聞いた。そんなのあるんだ。

また、ある田んぼは次に行ったら、なんか緑がモサモサしていて、なんだろうと思って車を停めてもらい、近づいてよく見たら枝豆がなっていてビックリ！　大豆畑!?　ウソー、と目を疑う。

驚いたことに、佐賀白石町の耕地使用率は一八〇％！

ほとんどの耕地が、一年に二種類の作物を作っていることになる。

白石町は佐賀一番の農業地帯で、米、麦、大豆、レンコン、玉ねぎなどが二毛作で作られている。

ボクは白石の何軒かの農家に行って、話を聞くことができた。

●タマネギ

車の後部座席でうとうとしながら白石町を走っている時、車窓から微かにタマネギの匂いが流れ込んできた気がした。

抜きたてのタマネギをいただいた

頭を上げて車窓から目を凝らすと、気がしたのではなく、実際に一面のタマネギ畑だった。

車中でスマホを出して調べたら、佐賀のタマネギの生産量は、北海道に次いで全国第二位だった。とはいえ、北海道は全国生産量の六割強、佐賀は一割と、ものすごい差なのだが。でもこれは土地の面積が違いすぎるのでしかたない。それよりこんな小さな佐賀がタマネギ生産量全国二位というのが驚きだ。


白石町では、佐賀のタマネギの七割が作られている。

そこで、農家の木室哲郎さんのタマネギ畑を訪ねた。

タマネギの収穫時期は、種類によって二月から六月と長い。

その中で、三月〜四月に出荷されるタマネギは、辛みがほとんどなく、生で食べるのにもっとも向いているそうだ。オニオンスライスは、水に十秒晒せば辛味が抜けるという。

ボクが訪れたのは、ちょうど三月上旬。見せてもらったタマネギ畑で「極早生《ごくわせ》」という収穫期が一番早いタマネギを、土からズポンと二個、引き抜いて土産にもらった。うれしい。

オニオンスライス、大好物だ。

東京に戻って、さっそく薄く切って、かつお節をふりかけ、醤油を垂らして食べてみたが、うまい！　本当に辛味がなく、臭みもなく、やわらかい。卵黄を落として混ぜて食べても、絶対おいしいだろう。

輪切りにしたトマトの上にオニオンスライスをのせて、味ぽんをかけまわして一緒に食べるのもおいしい。オニオンスライスは酒の肴にもいいし、ごはんのおかずにもなる。

●レンコン

嬉野の居酒屋でレンコンのきんぴらを頼んだら、やけにおいしかった。

聞いたら、佐賀のレンコン生産量は茨城に次いで全国でこれまた第二位。

佐賀、農作物に銀メダル多し。そんなに農業県だとは思わなかった。

レンコンも佐賀産の約九五％が白石町で作られている。

そんなわけで、白石に若きレンコン農家の白武純一さんを訪ねた。

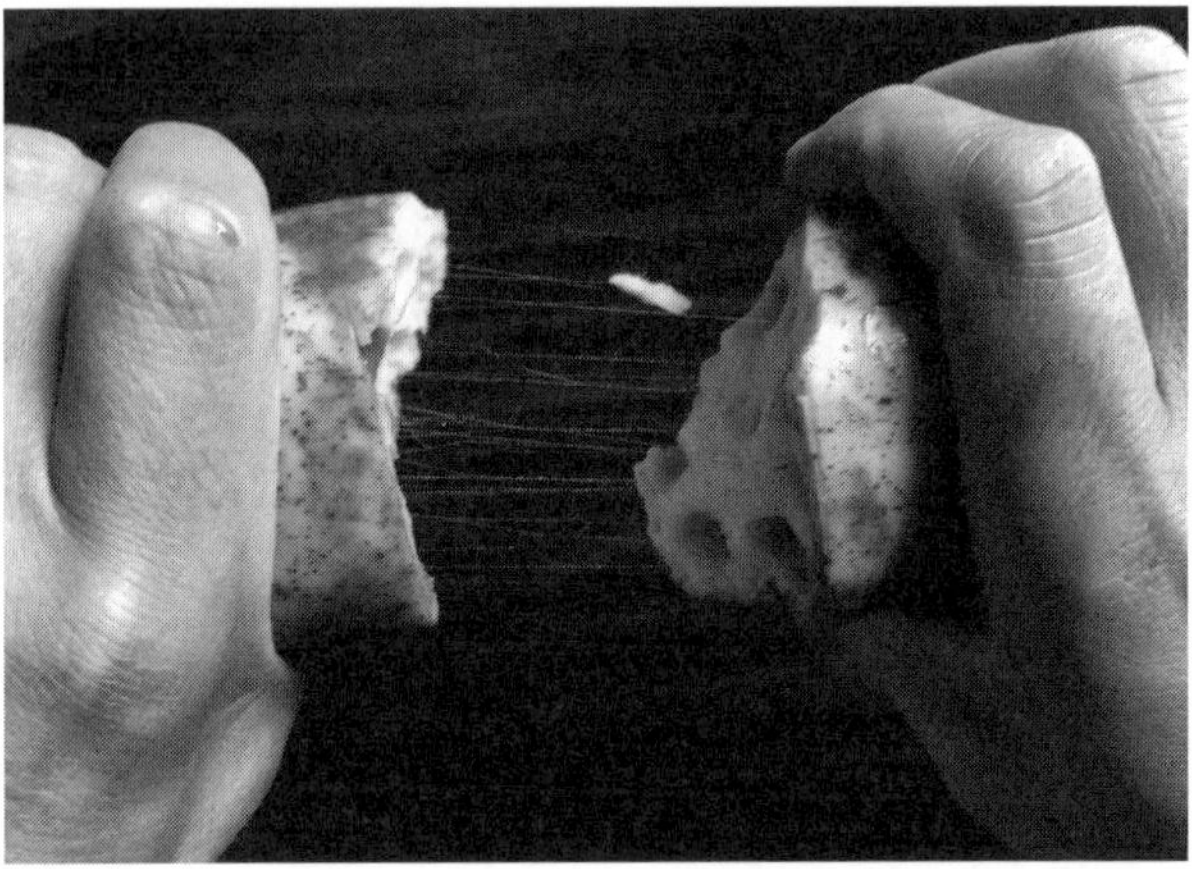

いっぱい糸を引く佐賀のレンコン

佐賀は土が重粘土質なので、そこに育つレンコンはミネラルをたっぷり含み、ねっとりとしてうま味が強いのだそうだ。

白武さんが採れたての太いレンコンを一本、ボキッと折ってくれたが、断面からは細い糸がいっぱい引いた。

佐賀では「泥パックレンコン」といって、泥を完全には落とさないで出荷するのが特徴。レンコンに付いた土は灰色で、見るからに粘土質。美容の泥パックのようだ。

宴会などで、大きなハスの葉っぱの真ん中の茎のところに楊枝で穴を開け、葉に酒を注ぎ、下の茎の切り口から飲むという「蓮《はす》見《み》酒《さけ》」という遊びがあるという。

酒飲みどもは、すぐそういう馬鹿なことを考える。そして実際、やる。でもちょっとやってみたい。

ハスの花が散った部分は「蓮《れん》の実《み》」と呼ばれ、生で食べられるそうだ。

白武さんは、

「小学校の頃は主食でした」

と笑った。なんかわかるなぁ。いつかそれ食べてみたい。

●アスパラガス

白石町では、ビニールハウスもよく見かける。

晩秋に、中がモシャモシャした植物でいっぱいになっているハウスがよくあった。とても作物として栽培している状態ではない。あれじゃあハウスの中に入れないだろう、というぐらいなにかの葉っぱがパンパンに詰まっている。

あの植物はなんだ？　あんなビニールハウスは見たことがない。

タクシーの運転手さんに聞いたら、なんとアスパラガスだという。想像もつかなかった。細い茎葉は高さ一・五メートル以上にもなり、ハウスにみっしりと育つそうだ。アスパラガスの和名は「キジカクシ」。鳥のキジが隠れるくらい密生するという意だそう。そんな和名聞いたことがない。葉茎は冬に黄色くなったら根元から切られる。紹介されて訪ねた、白石町の山崎利幸さんのビニールハウスも、中のモシャモシャはきれいさっぱり無かった。あの密生をどう片付けたのか見てみたい。

そして地面のところどころから、ツクシのように緑色のアスパラガスが生えていた。

もぎたてのアスパラガス

アスパラガスは多年草で、宿根《しゅくこん》野菜だそうだ。一つの株から、十年以上も毎年アスパラが収穫できるそうだ。山崎さんのアスパラ畑はなんと二十年目だという。

アスパラガスがそういう植物とは、知らなかった。ずっと食べてきたけど、考えもしなかった。佐賀ではそんなことばっかりだ。

ツクシのようなアスパラガスは、高さ二十七センチになったら収穫する。

二十七センチ、と厳密なのが面白い。

そういえば、先のタクシーの運転手さんも、

「夏になると凄い速さで伸びるけん、アスパラ農家さんは旅行にも行けんとです」

と笑っていた。

山崎さんは切ったばかりのアスパラを、事務所のレンジでチンして食べさせてくれた。

塩も何もつけないのに、甘くてやわらかくてポクポクで、メチャメチャおいしい！

今東京で、あのアスパラガスが食べたくてたまらない。

●イチゴ

今年から出荷が始まったイチゴ「いちごさん」の生産者・森園文男さんを訪ねた。

このイチゴは七年かけて開発された新種。なんと、一万五千種の交配から選び抜かれた超エリート種なのだそう。

佐賀のイチゴでは一番メジャーな「さがほのか」以来、二十年ぶりの新種。

佐賀がイチゴの産地というのも知らなかったが、昔は九州一の生産量だったそうだ。今でこそ「あまおう」の福岡が全国二位の生産量だが、イチゴ王国佐賀を復活させようという、起死回生の一手が「いちごさん」なのだ。

ビニールハウスで、実っているいちごさんを見せていただいた。

色と形がいい「いちごさん」

名前のままに、女性的なイチゴだ。丸くてしゅっと尖ってる。ツヤのある赤が、とても鮮やかに明るい。

そのもぎたてを、その場でいただいた。おいしい! ジュブジュブと歯で嚙み締めたときの、果実を食べている充実感がすばらしい。甘みというか、イチゴの味がぎゅっと締まってるように感じた。

最初のひとつは農家の人にちぎってもらって食べて、次に自分でちぎって食べた。やっぱりおいしい。もうひとつちぎって食べた。甘いけど、ほのかに酸味もある。そのほのかな酸味があとを引く。おいしい。もう一個、いやもっとどんどんちぎって食べたかったが、これは取材で、イチゴ狩りではない、と思って我慢した。たくさん食べたい。お腹いっぱい食べたいと思ったイチゴはこれが初めてだ(腹が減ってたからかもしれない。にしても)。

最近の果実は、ともすると甘みや糖度ばかり追求しがちだが、このいちごさんは酸味も大事にしている。そこが「いい女」っぽい。ブリッ子ではない。表現が古いか。キャピキャピしてない。ダメだ。

とにかく、いちごさん、オトナの男女に人気になるような味だ。

この農家を訪ねた二年後、東京・吉祥寺のスーパーで、いちごさんが売られているのを見た時は嬉しかった。でもボクが佐賀で見たいちごさんと比べて、形が歪だった。量産には、また違った苦労があるのだろう。

右の文章を書いていた二〇二三年三月十二日、ネットニュースを見て驚いた。

この日、第七十二期ALSOK杯王将戦七番勝負第六局が行われ、藤井聡太王将が挑戦者の羽生善治九段を八十八手で降し、対戦成績四勝二敗で初防衛を果たしたのだった。

さて、将棋の試合で必ず話題になるのは、対戦した二人が昼のおやつに何を食べたかだ。藤井聡太はなんと「佐賀県産いちごさんムース」を食べて勝利したとのこと！

ボクはモニターを見て思わず「おお！」と声を上げた。

同日、大谷翔平がWBCで初ホームランを打ったのだが、この日はそれより嬉しかった。

いちごさん、やった、ホームランだ！

その三――白石で野菜寿司を食べた

いろいろな農家を訪ねたが、白石には、地元の野菜を使った寿司を食べさせる店があるという。それは行ってみたい。さっそく連れて行ってもらった。

その店とは「だるま寿司」。もちろん野菜寿司専門店ではなく、普通に魚介の寿司メインのおいしい寿司屋です。

では、そこで食べた珍しい寿司と、飲んだ珍しい酒を少し紹介しよう。

アスパラ巻き。右が玉ねぎのガリ

●アスパラ巻き

文字通り、茹でたアスパラを巻いた海苔巻き。もちろんそんなの初めて食べたが、すっごくおいしい！　青臭さのようなものはまるでない。アスパラは柔らかく、でもさっくりした歯応えがいい。海苔はもちろん有明海苔。

添えてある玉ねぎのガリがまたパリパリして、ウマイ。これは寿司と別に単独でたくさん注文したい一品。

●玉ねぎとキュウリの太巻き

スライスされた玉ねぎと細切りのキュウリが、太巻きにされている。これもおいしかったぁ。キュウリを

玉ねぎとキュウリの太巻き

芯にして玉ねぎのスライスで包み、それを海苔巻きにしてある。見た目にはちょっと物足りなさそうなのだが、なんのなんの、しっかり味がある。

玉ねぎがとにかく柔らかくて甘味が強い。キュウリとも合う。キュウリと玉ねぎだけの組み合わせって、意外に初めてかも。こんな食べ方があったか。

●イチゴ寿司

これは本当に驚いた。

軍艦巻きに、二つに切った生のイチゴがのっている。もちろん下には白い酢飯。イチゴとごはん。ちょっと考えられない組み合わせだ。

恐る恐る食べたら、これが……おいしい。

食べるとまず海苔の味がしてぶしゅっとイチゴの味が現れるのだが、そこに全然違和感がない。

考案したのはもちろん、だるま寿司の大将だ。

「みなさん、『えー！　ありえなーい』って言うんですが、食べるとたいがい『あ、これもありですね』って、おっしゃいます」

と笑った。

実は、マヨネーズをほんの少し加えるのがポイントだそう。なるほどぉ。

イチゴという果物が、口の中でイチゴという野菜になって、ごはんに馴染むイメージ。

甘味より酸味が引き立っていて、ごはんとも海苔ともうまく混じり合い、不思議なおいしさだ。確かにマヨネーズが味をまとめている気がするが、少量なのでマヨネーズ感は薄く、言われなければわからないほどだ。

これは人を連れてきて食べさせたくなる。こんな寿司

誰でも驚くイチゴ寿司

よくぞ考えついた。

●海苔酒

これまた大将が考案したという、海苔酒をいただく。

透明の徳利に丸めた板海苔を沈め、熱い日本酒の熱燗を注ぐ。

少しすると、酒が少し緑色を帯びてくる。ちょっと不思議。

海苔酒。うっすら緑色になり香りがいい

飲んでみると、ほんのり海苔のい〜い香り。

これは想像以上においしい。海苔がよくないと絶対ダメなんだろう。

でも寿司と違ってこれなら家でもできる。ちょっと高い有明海苔を買ってきて、誰か酒好きに出してびっくりさせたい。必ず驚いて、喜ぶだろう。

●スボ酒

あの有明のエイリアン・ワラスボの干物を炙って、燗酒に入れる。つまりフグのひれ酒のようなものだ。味も似ている。

これはまあ、まずくはないけど、イロモノかな。

というか、上品で美しく香りもいい海苔酒の後に飲んだので、スボ酒は分が悪すぎる。あの奇怪な顔が、イタズラにゲテモノ感を出してしまい、正当に味わってもらえない。

まずビールで乾杯して座が和んだところで、スボ酒でビックリさせつつひれ酒的な味で安心させ、それから海苔酒を出して、色と香りでウットリと酔っていただくというコースでどうだろう。

その四――とうとう佐賀牛を食べた

佐賀牛、という有名ブランド牛肉があるのは知っている。値段が高いというのも知っている。おいしいという話も耳にする。だが佐賀に来るようになっても、食べたことはなかった。食べる機会がなかった。

とうとうそれを、食べた。

玄海町にある中山牧場の見学に行った。

当日、牧場に着くと、牧場取締役の中山敬子さんに、見学前に場内のレストハウスでお昼を食べませんかと言われた。

おっと、いきなり佐賀牛を食べる。心の準備ができてなくて焦ったが、受けて立とう。

案内されたのは、日の光が明るく入る広い座敷。

喉が渇いてたので、最初にビールを少し飲んだが、ボクは焼肉の時はあまり酒を飲まない。すぐごはんがいい。そこだけは井之頭五郎なのだ。

しかし、高そうな肉を前にしても、もはや若い時のように諸手を挙げて、

「わぁ、肉だ！　やったぁ！」

とは、ならない。

少し前に、飛驒高山で、飛驒牛の見事な霜降りのステーキをいただいた。

だが、大きなひと切れを食べて、味わって、飲み込んだら、もう胃が重い。歳だなぁ、と淋しくなった。あとは創作料理「漬物ステーキ」とかをつついて、おとなしく地酒をち

びちび飲んでいた。牛の脂にやられて、しゅーん。じいさんの悲哀。

そんなこともあって、霜降り肉と言われると構えるようになった。霜降りコワイ。今回も、この佐賀牛取材に関しても、正直、あまり積極的ではなかった。

だから今回も、食べるにあたって牧場の人におずおず、

「最近、脂身がちょっと苦手で……」

と、正直に告げた。すると、

「はい、今の日本人には、霜降りより、赤身の方が断然人気なんです」

と笑顔で返されたので、ホッとした。

そうなんだ。「断然」人気ですか。ですよね。よかった。

いやぁ、東京から取材に来たというんで、牧場主さん奮発して、物凄い霜降り肉をドーンと五〇〇グラムとか出してくれちゃったらどうしようと、心中穏やかでなかったのだ。

ところが、日本では赤身でも、中国ではまだまだ和牛の霜降りが大人気。霜降りの肉の方が値段が高いので、そちらも生産し続けねばならないそうだ。たとえ日本で売れなくても。

中国は人口が日本の十倍だから、「おいしい！」となったら十倍消費する。そのあたり、おいしい赤身をもっと提供したい牧場主さんは少し複雑な心境だろう。

さて、ボクの食べたセットは、佐賀牛のササミと、ミスジと、トモサンカク。

そこにナスとキャベツとピーマンが添えてある。そしてごはんと味噌汁。うん、これでいい。これがいい。

三種の肉は霜降りではないが、控えめに美しく脂がさしている。

まず、一番赤いササミを焼いて、塩で食べてみた。

……ウマイ！　これは確かにおいしい。

今まで食べてきた焼肉と、やっぱり違う。確かに違う。なんというか、上品な感じ。おいしい……それ以上のことが言えないのが残念だ。

次に、同じササミをタレで食べた。あんまり焼き過ぎない方がいいだろう。ウマイウマイ。これはごはんだ。軽く焼いて、タレを付けてごはんにのせ、一緒に食べる。うーん、うまい。コレぞ焼肉。

もう少し脂の入ったミスジ。最初からタレで攻める。ああ、これもおいしい。脂、強い

これにごはんと味噌汁で4000円は安いと思う

とか重いとか、まったく感じない。

そして一番脂の多い、トモサンカク。パウダーピンク。恐る恐る食べたが、大丈夫！　ってか、これがまたうまい！

久しぶりに焼肉でごはんを食べる醍醐味を思い出した。そうだったこうだった、食った食った。この感じ。あの頃は若かったけど、この肉なら、まだ大丈夫だ。うれしくなる。俺はまだイケル。

ここでキャベツを焼いて食べる。ああ、肉のあとの野菜うれしいやさしい。

そしてまたミスジ。ごはん。ササミ。野菜焼きも。ごはん。しあわせのローテーション。

トモサンカクというのは、腿のあたりにあって一頭から二、三キロしか取れない希少部位だそうだ。

ミスジは肩から腕のあたりで、これも希少部位。

ササミは人間でいえば、ヘソから脇腹のあたりだそう。ササミなんて、鶏のしか知らなかった。

最後にハンバーグも焼いてくれたので、少しいただいた。これはふわふわ。なるほどやっぱりおいしい肉のハンバーグは違う。弁当に入れてみたい。冷めたのもまたおいしい気がする。

いや全部ウマかった。食べ終わった後の、焼肉特有の満足感も久しぶりだ。

一人前何万円というステーキの話をたまに聞くが、そんなの出す店は緊張しそうで行きたくない。こんな開放的な明るい昼のお座敷で、佐賀牛を味わえて、よかった。

これで一人前四〇〇〇円は、ものすごく安いと思う。

外ではバーベキューもできるそうだ。いいな。

実は、前に佐賀に来た時、唐津の町の肉屋で、ショーケースに入った佐賀牛の値段を見て、驚いて、そして笑ってしまった。

「特上佐賀牛赤身　一〇グラム六八〇円」

一〇グラムって。肉を一〇グラム買う人、いるかね。「一〇〇グラム六八〇〇円」という表示はコワイが。

食べ終わって、中山さんに、佐賀牛の子牛が牧場に来てから出荷されるまでの流れなどを聞いた。

それから、車で少し離れた牧場に行くことになった。さっきのレストハウスの前の馬がいた原っぱ、牧場にしては狭いなと思っていた。しかし、車は山道を登っていくので、こんな山の上に牧場があるのかなぁと思った。

到着してわかった。ボクは完全に勘違いしていた。

広大な牧草地を想像していた。北海道で見たような。それは、酪農だって。

ここには大きな牛舎が何棟も並んでいた。そこが牧場。牛たちは外に出ない。ずっと牛舎暮らし。北海道のは、乳牛。こちらは、肉牛。さっき食ったじゃん。牧場も違う。

ここで育てられている約二千三百頭の牛は、国産黒毛和牛。その中から、

「日本食肉格付協会による、肉質の格付け五段階中の五等級と四等級を満たした上で、霜降りの度合いを示す脂肪交雑（BMS）十二段階中の七段階以上をクリアした牛」だけが

「佐賀牛」と認められるのだそうだ。エリート中のエリートを育成するような話。想像以上に神経を使う、毎日の肥育。

佐賀平野には、北海道や新潟とは比べ物にならないとはいえ、佐賀なりに広大な水田がある。その水田の稲藁が、佐賀牛の貴重な飼料になる。

稲刈りとともに、田んぼで稲藁の飼料ロール化作業が始まる。そしてできた直径一メートルくらいの稲藁ロールを、トータルで二万個も牧場へ運ぶ。二万個って。気が遠くなる。この時は農閑期のタバコ農家さんも手伝ってくれるという。突然タバコ農家登場。佐賀にはそんなのもあるのか。農家と牧場の協力が面白い。

しかし、佐賀の農家は二毛作もするし、牧場も手伝うし、働き者だ。

ボクは若い頃から牛肉と言えば牛丼屋か焼肉屋で食うだけで、国産牛の飼育についてちっとも知らないまま、この歳になってしまったんだなぁと内心恥ずかしくなった。

佐賀の意外性には毎度驚かされるが、それは自分の無知を自覚することでもある。

物忘れがどんどん激しくなることを嘆きがちだが、「意外」なことにぶつかると、まだまだ「知る」という余白が、ボクの脳みそにはいっぱいあることを感じる。知ってもすぐ忘れちゃうかもしれないけど、頭の中に知らない空き地があると思うと楽しくなる。

佐賀に来るのは、自分の中にまだ見ぬ空き地を発見する旅でもあるのだ。

最後に、牛舎にいた牛の髪型がイカしてたので、撮った写真を載せておこう。

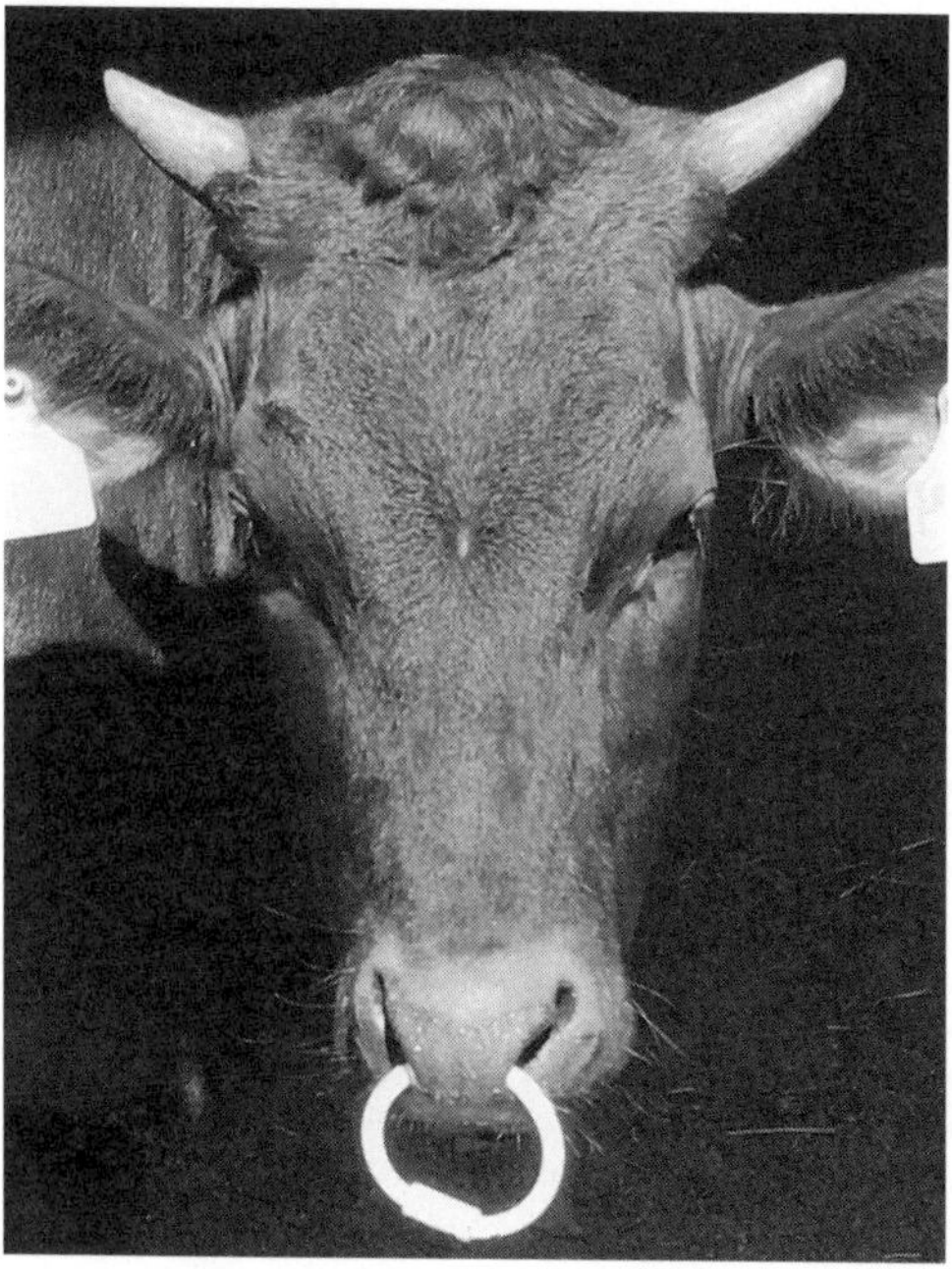

牛のこんな前髪（？）初めて見た

その五——牡蠣も焼いた、呼子のイカも焼いた

さて、佐賀は冬になると、牡蠣もおいしいという。

日本各地の海辺に「牡蠣小屋」なるものがあるのは、旅を続けてきて、知っている。でも実際に行ったことはない。佐賀にも牡蠣小屋があることを知って、佐賀で牡蠣小屋デビューすることにした。

ところが、嬉野で絵付けが終わるのが夜七時ぐらいで、その時間までやっている牡蠣小屋が無い。行こうと思ってネットで調べて、少し慌てた。

東京にいる知人にネットで随分探してもらって、佐賀市から車で二十分ほどの「住ノ江炭火牡かき家山崎」だけが七時以降も営業していることがわかった。さっそく電話予約して、車で連れて行ってもらった。

ところが、この店、夜は滅法見つけにくかった。何しろ繁華街を完全に外れていて、目印がない上、あたりには街灯もない。

カーナビに住所を入れてその通りに行ってみたら、そこは真っ暗な田んぼの中。

店はおろか家一軒、ない。どういうこっちゃ？

運転手をしてくれたYさんがスマホで店に電話したら、ちゃんと通じた。店はある。店の人に行き方を教わり、向かったのだが、言われた道も真っ暗で、曲がり角がどこかわからない。カーナビを見ると、店を通り過ぎている。

バックして、まさかこの道じゃないだろう？　という真っ暗な草の道に入ってみたら、ほかにないから、あれとしか考えられない、という建物があった。

建物、というより、大きなビニールハウスだ。

近づいて、車を降りると、暗い中に看板のようなものが立っていた。近づくと「営業中山崎」と書いてある。ここだ。しかしこの暗闇じゃ、看板はマッタク見えない。

ビニールハウスは、内側からぼーっと薄暗い。ライトアップなんて洒落たことはされてない。ビニール、曇ってるし。中よく見えん。お化け屋敷か。

どう反応していいかわからず、弱く笑うしかなかった。

そしてYさんと、男二人で恐る恐るハウスの中に入ると、誰もいない。

中は大きな教室ぐらいの広さで、牡蠣の焼き台らしきものがのった簡素なテーブルがたくさん並んでいる。

蛍光灯の明かりが青っぽくて薄ら寒いが、ここで間違いない。だが無人無音。BGMもラジオもない。シーンとしている。

「すいませーん」

と大きな声で言うと、隣の家の中から、と思われるくぐもった小さな声が、

「はーい」

と聞こえた、ような気がした。

「今、声、しましたよね」

「した」

「予約してるんですもんね」

「ええ、さっき電話もしたし」

少ししたら、店員さんであろうおばちゃんが、ニコニコと入ってきた。

「いらっしゃいませ」

「あの、予約した者ですが」

「ここでいいんですよね？」

「はい」

勝手に人んちの食卓に上がり込んだような居心地悪ささえあった。それほどのよそ者感。そしてここの、人の出入りがしばらくなかったような休業中感。

でもおばちゃんは、慣れた感じでテーブルのひとつに我々を案内した。すると卓上の焼き台に火が熾してある。炭が赤くなってる。ちゃんと来店準備がしてあった。

席に着いて、あらためて見回すと、ビニールハウスというより、昔の芝居小屋のような雰囲気。材木を組んで、竹竿やビニールで壁を作っている。無造作にポスターやカレンダーが貼られている。佐賀バルーンフェスタのポスターもある。それらはまるでセットの小道具のようだが、ちゃんと今年のものだった。

ボクは心を落ち着かせるために、ちょっと寒いけど、ビールを頼んだ。Yさんは運転があるので飲めないから、ノンアルコールビール。

さっそく牡蠣を頼むと、ブリキのバケツ一杯の殻付き牡蠣を持ってきてくれた。バケツ一杯、若くない二人には多いのでは、とちょっと心配になる。

するとそこでおばちゃんがいなくなってしまった。我等、放置。自分たちで焼いて食え、ということだろうか。わからない。不安。何ここ。するとこ今度は、もっと年配のおばあちゃんが入ってきて、

「あ、いらっしゃい」

と言った。それで、牡蠣を殻のまま焼くやり方をレクチャーしてくれた。本来、そこからは客が自分で焼いて殻を開けて食べるのだそうだ。ところが、この時ボクはたまたま指を怪我していたので、おばあちゃんが焼いて食べごろで殻を開けてくれた。う、うまい！　醤油も何もいらない。そのままいける。小ぶりなのも、好み。

「おいしい」という事実は、強い。口の中に現れたおいしさは、みるみる自分の中に元気を膨らます。「ガランとした薄暗いビニールハウスのオヤジ二人」、という寂しさ&侘しさ&寒々しさが、たくましいおいしさに打ち負かされ萎んでいく。

　この牡蠣なら、どんどん食べられる。

「こーれはおいしいですね！」

「うん、おいしいですねぇ」

暗闇の中にポツンとボーッと建っていた牡蠣小屋。不安になる

次の牡蠣に手を伸ばしながら、ボクらは言った。すっかり楽しくなっている。

おばあちゃんは、次の牡蠣を網にのせ、

「昔はもっともっと大きい牡蠣が、この辺りでいくらでも獲れたけんが」

と言って立ち上がり、バカでかい牡蠣の殻を持ってきて見せてくれた。

このおばあちゃんとの会話も楽しかった。佐賀弁が心地よい。

有明海のエイリアン・ワラスボも、おばあちゃんは子供の頃から、お茶菓子に食べたそうだ。このあたりではワラスボを「ジンキチ」とも呼ぶ。ジンキチ、田舎臭くていい名前。

牡蠣小屋の壁は、なんと有明海苔の海苔棚に使われた竹竿だという。前に海苔漁を取材したとき、若き漁師の横尾さんが、

「昔は、海苔網の支柱は竹竿だったけん、流されやすいし、支柱にする竹の確保も大変だったそうです」

と話していたのを思い出し、感慨深い。

この晩、どんどん焼いて食べた牡蠣に負けずおいしかったのが、「カニ汁」。

「イガニ」という、小さいけど、一年中採れて、いい出汁の出る蟹の味噌汁だ。この汁が、腹に染み渡るように、うまかった。こんなカニ汁は初めてだ。いつの間にか、足のつま先まですっかりあったまっている。

牡蠣と汁を平らげてしまったが、まだ何か食べたかったので、イカを頼んだ。焼きものを書いた黒板に「呼子のイカ」と書いてあるのだ。

あの有名な「呼子のイカ」だ。テレビでもしばしば紹介される。呼子のイカといえば「活造り」だ。一匹丸ごと、頭も足もついて、透明に近い白い身が形のまま細く切られ、イカの姿のまま皿にのせられて出てくる。ボクも連れて行ってもらった。呼子で、並んで

最初ここにオヤジ二人で、寒々しかった。竹の壁は海苔漁の廃品

食べた。たしかにコリコリしておいしかった。

だが、そのイカをこの小屋では、炭火で炙って食べさせる。もったいないようだ。

ところが、いい匂いがしてきて、こんがり焼けたところを、七味マヨネーズにつけて食べたら、めちゃくちゃうまい！

感動的にうまかった。いや驚いた。手が止まらない。ゲソもミミも全部おいしい。今まで食べた焼きイカの中で、文句なしに最高峰。

いやぁ、呼子のイカは、刺身より絶対、焼きだ。心からそう思った。

酒。日本酒！　と思うが、運転のYさん手前、そこまではできない。でも、

「これもう、酒ですね」

というのを我慢できなかった。運転手さんも、ゲソを咥えたまま目を細め、

「そぉーですねぇ」

と言ったので、笑ってしまった。

いくつでも食べられる焼き牡蠣

焼いた方がうまい呼子のイカ

第六章　ついにバルーンフェスタを見た！

その一——ボクにとっての前夜祭、夜間係留イベント

佐賀のイベントで一番大きなものは「佐賀バルーンフェスタ」だろう。

佐賀に通っていると、いろんなお店にそのポスターが貼ってあることに気づく。新しいのや古いのが混じって貼られている。

佐賀市のメインストリートには「佐賀バルーンミュージアム」もある。

聞かずとも、調べずとも、否応なくその存在の大きさが身に入ってくる。

正式には「佐賀インターナショナルバルーンフェスタ」。熱気球の競技会としては、日本のみならず、アジア最大の大会だという。十数ヶ国から来る外国人チームを含め、七十〜八十機の気球が参加。すでに三十五年の歴史があり、毎年七十万人から百万人もの観客が集まる。

そんな大きなイベントなのに、ボクは佐賀に来るまでそんなフェスタ、ちーとも知らなかった。

いや、日本のどっかで熱気球の大会みたいなのがあるらしいことはぼんやり知っていた

が、年に一回佐賀で国際大会、というのは考えも及ばなかった。

そんな大きなお祭りが、ほとんど知られてない佐賀。

いつか絶対見なくては、と思っていたら、なんとバルーンフェスタの最中に、北九州でトーク&ライヴの仕事が入った。

このチャンスに行かない手はない。

北九州市の二ヶ所でライヴをやった翌日、小倉で別の仕事を一本済ませ、特急みどりで佐賀に向かう。

フェスタは全部で四日間。それぞれ午前の部と午後の部がある。ボクは三日目の三時からの午後の部になんとか間に合いそうだった。

翌日の午前もあるが、何しろ気球なので、天候が悪かったら中止。チャンスは逃せない。

期間中は、JR長崎本線で佐賀駅から二つめに臨時駅「バルーンさが駅」が開設される。会場が近づくにつれ、家族ずれ、若者グループ、県外からの観光客で超満員に。

バルーンさが駅到着は、結局三時を少し過ぎていたので、もう飛んでいるかなあと思いながら駅を降りたが、見回しても空には気球が一機も見えない。まだなのか。だけど群集は黙々と会場に向かっている。

会場は駅からすぐの嘉瀬川《かせがわ》の広大な河川敷だった。駅を出るともう屋台がたくさん出ている。でも会場全体の地図は見当たらない。群衆の流れのまま土手の上を歩いていくしかない。

今にして思うと、この説明の足りなさ、不親切さは、佐賀特有だ。

今なら「出たよ、佐賀の説明不足」と笑って言えるが、この時は何もわからず不安で、「どうすればいいんだろう？　とりあえず、みんなについていくしかないな」という感じだった。進水式と同じだ。

広い河川敷が見えると、気球は二機ぐらいしか膨らんでいない。ワンボックスカーが、番号の書かれたスペースにポツリポツリ停まっている。どうやら気球はその中に、まだ畳んでしまってあるようだ。

会場にはずっとアナウンスと解説が流れていて、それをよーく聞いていると、どうやら午後の大会は、風のため中止になったようだ。

わずか風速四メートル以上で中止だそう。昨日も一昨日も、午後は中止だったらしい。

ボクと反対に、駅に向かっている人も多く、帰るようだ。今日はもう、見物を諦めたということだろうか。想像するしかない。不安になるが、頼れるものがない。

だが長大な土手の斜面に着くと、大群衆がシートを敷いて腰をおろしている。すごい。何万人いるだろう。こんな広範囲の群衆を生で見たことがないかもしれない。これは確かに大イベントだ。なぜこんなイベントが東京で知られていないのか。

このあと日が暮れてから、夜間係留イベント「ラ・モンゴルフィエ・ノクチューン」が予定されている。ロックバンドの生演奏に合わせ、地上で膨らませたバルーン群を一斉にバーナーでライトアップさせるらしい。大変美しいと佐賀の人から聞いている。それを見ようという大観衆は残っているのだろうか。わからないがやるなら見たい。

ところが、バルーンの夜間係留も風が強かったら中止で、バーナーの炎だけのイベントになるかもしれません、とアナウンスが言っている。

バーナーの炎だけのイベント？　えー、気球が膨らまないなら、そんなの見ないで宿に帰りたい。と思った。明日最終日の朝、もう一度チャンスはある。

その時点で、やるかやらないかわからない夜間係留イベントまでに、二時間以上あった。

どうしようか。寒くなってきた。でも何万人か、まだ残っている。やりそうなのか？　状況を知るすべがない。観客は何を頼りに行動してる？　経験か。

小腹も減ってきたので、とりあえず河川敷の土手から、めちゃくちゃに混んでる屋台村に戻り、ソース焼きそばを買い喰いした。肌寒い屋外で食べるあったかい焼きそばは、たまらなくウマイ。

日が暮れてきたが、しゃべり続けの男女ＤＪは、イベントをやるのかやらないのかちっとも言わない。なんなんだよお前らその馴れ合いの雑談は。今の状況説明がいつまでもないままにゲラゲラ笑ってたりするのでだんだん腹が立ってくる。ヤキモキするうちに、空が素晴らしい夕焼け空になってきた。

すると、一機、また一機と、予告なく地上で膨らんでいく気球がある。カラフルな気球に、夕日が当たって美しい。何しろ気球はひとつひとつが大きいので、膨らんでいくと存在感もすごい。

そのうちハイエースがどこからともなく一台一台とやってきて、畳まれた気球を地面に広げ始めた。

DJが「バーナーズ、オーン！」と叫ぶとこの光景に

お、やるのか。風、大丈夫そうなのか。なにもわからないが、とにかく、気球を上げそうなチームが三々五々、動き始めた。横に倒れた形で、気球があちこちで膨らみ始めた。ボクの期待もゆるゆると膨らんだ。

だがなにしろ、大観衆が「おおーっ」とかどよめく瞬間が全然ない。静かにダラダラした進行（？）なので、ことの成り行きを見守るしかない。

しかし、あたりが暗くなる頃には、いつの間にかほとんどの気球が立ち上がっていた。

すごい数だ。それらが時々バーナーで内側から光る。すごくカラフルで美しい。

色も様々だが、パンダの形の気球や、タコの形の気球もある。いったい気球はいくつあるんだろう。広範囲にすごい数立ち上がってきた。

やった、これはたぶん、夜間係留イベント開催ということだ！　帰らなくてよかった。

しかしこの時点でも、

「夜間係留イベント、開催です！」

とか、ハッキリした開始の言葉はない。少なくともボクにはわからなかった。なんとなーく、始まっている、ようだなー、という感じ。

いや、これは始まっている。自分でそう納得するしかない。いや少なくとも眼前は、現実に素晴らしい光景になっているのだ。いつの間にか。

よーし、とあらためて気球群がよく見える場所を探し、土手の草斜面に腰を下ろす。

なにしろ座席とか観客席の区切りなんて何もない。大きな花火大会より全然いい加減だ。

ロックバンドの生演奏が始まり、アナウンスの女の子が甲高い声でいろいろ捲し立てたあと、一段と高い声で、

「3《スリー》、2《トゥー》、1《ワン》、バーナーズ、オーーーーン！」

と叫んだ。するとそれに応えて、全機が一斉に内なる炎でライトアップされた。うわあ、大迫力だ。これは美しい！　さすがに群衆もどよめいた。そして振り返るとその光が、土手の何万人か何十万人の顔を赤く照らしている。すごい光景だ。そのうちバーナーは、全体にだんだん暗くなっていく。すると例のアナウンス女子が、再び、

「3、2、1、バーナーズ、オーーーン！」

と甲高く叫び、また全員がバーナーを点けた。

このバーナーズオンは、音楽に合わせ、間隔を少し置いて、いつまでもいつまでも続いた。ワンパターンの繰り返しっちゃ繰り返しなんだが、ブツは馬鹿でかいし、その数も範囲もただ事ではない。そう簡単に見飽きることはない。河川敷という広大な夜景に、ものすごく映える。

なるほど、夜間係留イベントとは、こういうものだったのか。

からだが冷えるまで見ていたが、なんとなく帰る人が増えてきたので、その群衆に混じって、佐賀のビジネスホテルに帰ることにした。イベントのラストがどうなったんだか

佐賀バルーンミュージアムのフライトシミュレーター。本物のバスケットとバーナーを使い、スクリーンを見ながら操縦の疑似体験ができる。風をつかまえゴールを目指すのだが、超ムズカシイ！

知らない。

駅は大混雑、列車も二駅ぎゅうぎゅう詰めだった。

明日も天気は良さそうだ。早朝からの本番に向け、セブンイレブンでビールとか買って、宿の部屋で飲んで早く寝た。

明かりを消してベッドに入っても、耳の中で「3、2、1、バーナーズ、オーン！」がいつまでも鳴っていて、少しウザかった。

その二——感動の一斉離陸

さて、翌朝は午前五時に起きて、まだ暗いうちに佐賀駅前の宿を出る。でも空は晴れていて星が見える。風は感じられない。風さえなければ大丈夫だ。

こんな朝から、電車は東京の通勤ラッシュ並みの鮨詰め大混雑だ。でも二駅の我慢。みんな見に行くのだ。バルーンさが駅でほぼ全員降りる。

会場に向かう観客はものすごい数だが、印象としては昨夜の方が多く、なんだ、せっかく晴れているのになあ、と思った。なぜかやや開催者側の気持ちになってる。

夜が明けてきた。淡い色の朝焼け。夜明けの雲がオレンジっぽく照らされて美しい。

会場に着くと、河川敷の土手の斜面はもう人でいっぱいだった。昨夜と変わらない。いやもっと多いか。なあんだ、もうみんな来ていたのか。いったい何万人いるんだろう。子供からお年寄りまで、あらゆる世代がいる。

土手の斜面になんとか隙間を見つけて、持ってきたビニールの敷物を小さく広げて、腰を下ろす。お尻が冷たい。

すでにアナウンスが始まっていて、競技前だが、一機のバルーンが上がっている。デモンストレーションだろうか。例によって、説明がないのでわからない。

でも女性アナウンサーの声はずっと続いていて、その声がひときわ高く
「〇〇さん、行ってらっしゃーーーーい」

と言うと、そのバルーンは少し風に流されながら、ぐんぐん上がっていった。

下を見ると、河川敷にワンボックスカーが続々と入ってきた。六時から競技というのに、案外ギリギリまで車は少なかった。風の様子をうかがっていたのだろうか。

競技には、いろいろな種目があり、その複合得点で順位を競う。だが基本は、数キロ離れたターゲットに、マーカーと呼ばれる砂袋を、いかに近づけて落とせるかだ。

熱気球は上下にしか操縦できない。風のみで進むので、時間や高度で刻々と変わる風の向きを読んで、風を摑みそれに乗って目的地を目指さねばならない。

だから、その日のゴールは風向きによって、試合直前に決められるそうだ。そんなルールなのか。

しかし、観客はバルーンについていくことはできないので、結果は全然見れない。各

チームが、どう巧みに風を捕らえているか、どんな素晴らしい操縦をしてるかなんて、ここで気球を見送ったワタシらにゃ、なーんにもわかんない。ゴールも遠くて、勝ち負けなんてわかりゃしない。会場に表示されることもない。

つまり、試合なのだが、観客はその勝敗を知ることができない。誰が一位でゴールした、という情報も、会場で放送されるんだか、されないんだか。少なくとも電光掲示板的なものは観客席から見あたらない。

ここに来てる観客にとって、試合結果はどうでもいいようだ。

それより、全六十機の一斉離陸の光景が見たいのだ。それこそがバルーンフェスタの、最大で唯一の見どころなのだ。それが現地でやっとわかった。

これは確かに競技スポーツなんだが、大声援とか、勝敗への大歓声は、ない。

そして競技が始まった。らしい。

会場に、ラベル作曲の「ボレロ」が大音響で流れ始めた。今にして思えば、これが合図だったのか。

すると次々にバルーンが上がり出した。どうやら一斉離陸だ。一斉、といっても全員一緒にヨーイドンではなく、気球が次々に、ランダムに、音もなく上がり続けていく。

これか。俺はこれが見たかったのだな。感激が静かに胸を満たしていく。

うわぁ、すごいすごいすごい。

無言で上昇する巨大でカラフルなバルーンたち。

まさにボレロがぴったりだ。最初「ラベルのボレロなんて、いかにもでわざとらしいな」と思ったが、そのうち、ラベルのボレロは、気球の一斉離陸のための音楽なんじゃないか、と思うほどピッタリすぎることに、ちょっと笑いながら感動していた。

秋らしい色濃い青空の中に昇っていく黄色いバルーン、赤と白のストライプのバルーン、いちご模様のバルーン、レインボーカラー、イラスト入り……。雄大な百花繚乱。

その色彩、その静謐な動き、気球同士のコンポジション、壮大な遠近感。全部含めて、空の立体動画シュールレアリズム。

ルネ・マグリットの絵画の現実全天空版。青空のグラデーション、そこに浮かぶうろこ雲、その手前に立体写真を見るが如く、誇張された遠近感をもって、じりじり遠ざかる色とりどりのカラフルな気球。

なんだろうこの光景は。完全に初めての視覚体験。味わったことない不思議な美しさ。ボクの真上を新たに一機の気球が昇っていく。あそこには数人の人が乗っていて、バルーンを操作しているのだ。操縦士のひとりが手を振るのが見えた。観客も彼に手を振る。

「今俺は、猛烈に感動している」

というのは「巨人の星」の星飛遊馬の言葉だが、あのクソ真面目野球バカの笑っちゃう言葉をなぞるしかない俺が、佐賀の河川敷にいた。

花火大会とは全然違う天空ショーだ。

静かで、ゆっくり動いていく、数えきれない熱気球。

ボクはただ、目を丸くして空を見ている。知らない間に口があんぐり開いていた。そうして、熱気球群はゆっくりと小さくなり、点になり、見えなくなった。

気球は戻ってくることはない。目的地まで到達したら、着陸、畳まれて車に積まれ、次の競技地に向かう。行先はこのスタート地点とは限らない。たぶん戻らないだろう。

重量ゼロの感動で、地上のボクの心はいつまでもフワフワとしていた。

写真（とくにモノクロ）では、もっとも伝わらない感動だと思う

夜の河川敷の大群集もすごかった。何万人？

第七章　佐賀の食べもの屋編

唐津の高架下で、初めて入った店

その一――唐津の高架下「つや」

佐賀を舞台にした、有名なアニメが二編あるという。

『ユーリ!!! on ICE』(二〇一六)と『ゾンビランドサガ』(二〇一八〜二〇二一)だ。

ボクは正直どちらも見てない。

『ユーリ!!! on ICE』はフィギュアスケート選手の青春アニメ。その劇中曲を、須崎海羽・木原龍一ペアが平壌オリンピックで使用して、話題になったそうだ。アニメでは九州の長谷津という架空の町が舞台だが、モデルは佐賀県唐津市。

そして『ゾンビランドサガ』。唐津の居酒屋の女将が、知ってるだろうにそのタイトルを言わず、「ユーリじゃない方」と言っていたのがおかしかった。

なにせゾンビランドだもんな。佐賀人、特に女性は、口に出したくないかもしれない。

物語は、ゾンビになって生き返った少女たちが、佐賀のご当地アイドルとして活躍するというもの。全編佐賀が舞台になっている。

唐津の居酒屋で、『ゾンビランドサガ』の「聖地巡礼」をしているという青年と隣り合わせになった。彼はいつも川崎からひとり旅で佐賀に来るという。

店の常連客らしいおじさんが彼に向かって、

「失礼ですが、オタクですか？」

と言ったら、

「はい、そうです」

と明るく答えていたのが、二人とも正直すぎて面白かった。

オタク青年は赤い顔をして、ビールをチビチビ飲んでいた。そんな旅の楽しみもいいじゃないか。

今回で三回目の佐賀ゾンビ巡礼だそうだ。この日は、伊万里市の「ドライブイン鳥」に行った帰りだそうだ。網焼きの焼き鳥が有名な店だが、焼き飯もバツグンとか。

ネットには、ゾンビランドの聖地巡礼をしている人のサイトがたくさんあるそうだ。

巡礼者たちは、ボクが嬉野の豊玉姫《とよたまひめ》神社で見た「美肌の神様　白なまず」像など、本当にマニアックで小さな佐賀名所まで丹念に訪ねている。

話していたら、別の年配客が、

「そういや、こないだはそのアニメを見て、メキシコからやって来たという外国人観光客がおって、驚いたとね」

と言った。メキシコから、佐賀へ。ゾンビのアニメ見て。そういう時代だ。

この居酒屋「つや」は、唐津駅すぐそばの高架下にある「ラーメン村」の一軒だ。ラーメン村というが、全部居酒屋だ。でもラーメンを出す店も多い。

全部で十四軒。これは唐津くんちの曳山の台数で、店のシャッターには一軒一台の曳山がペンキで描かれている。

何軒か入って知ったが、「ラーメン村」はもともと、唐津の駅前に並んでいた屋台が、再開発でまとめて誘致された場所だった。

よく見ると、店舗の中に古い屋台がそのまんま格納されている。車輪が外されたり、カウンターが取り付けられたり、それぞれに改造はされているが、モロ屋台のままの店もある。この高架下に入るにあたって、屋台をそのまま入れるのが条件だったらしい。

ここの屋台は、博多にあるような大きなものだ。佐賀でも、日本海側は博多が近いので、文化が少し似ている。

「つや」はラーメン村で初めて入った店だが、何を食べてもおいしかった。

青い海藻がびっしりついた三角の貝「みな」。爪楊枝代わりに安全ピンがついてきて、これで身を突いて引っ張り出して食べる。おいしい。東京でいう「しったか」だが、もう少し味が繊細。安全ピンというのが微妙に危なっかしくて面白かった。

そして天然ぶりの白子。湯気が立っているのを出してくれた。白子は自分からあまり頼まないが、ここのはまったくクセがなくておいしかった。

佐賀は日本酒がうまい。「鍋島」を冷やでもらう。

女将がカレイの切り身を煮ている鍋を見ていたら、常連客が、

「まだ火が通っとらんばい。中が固か」

とカウンターの外から言う。

「もう大丈夫」

と女将が言うと、常連客は大声で、

「いいや、固か。固かったらどぎゃんする」

女将はボクの方を見て、

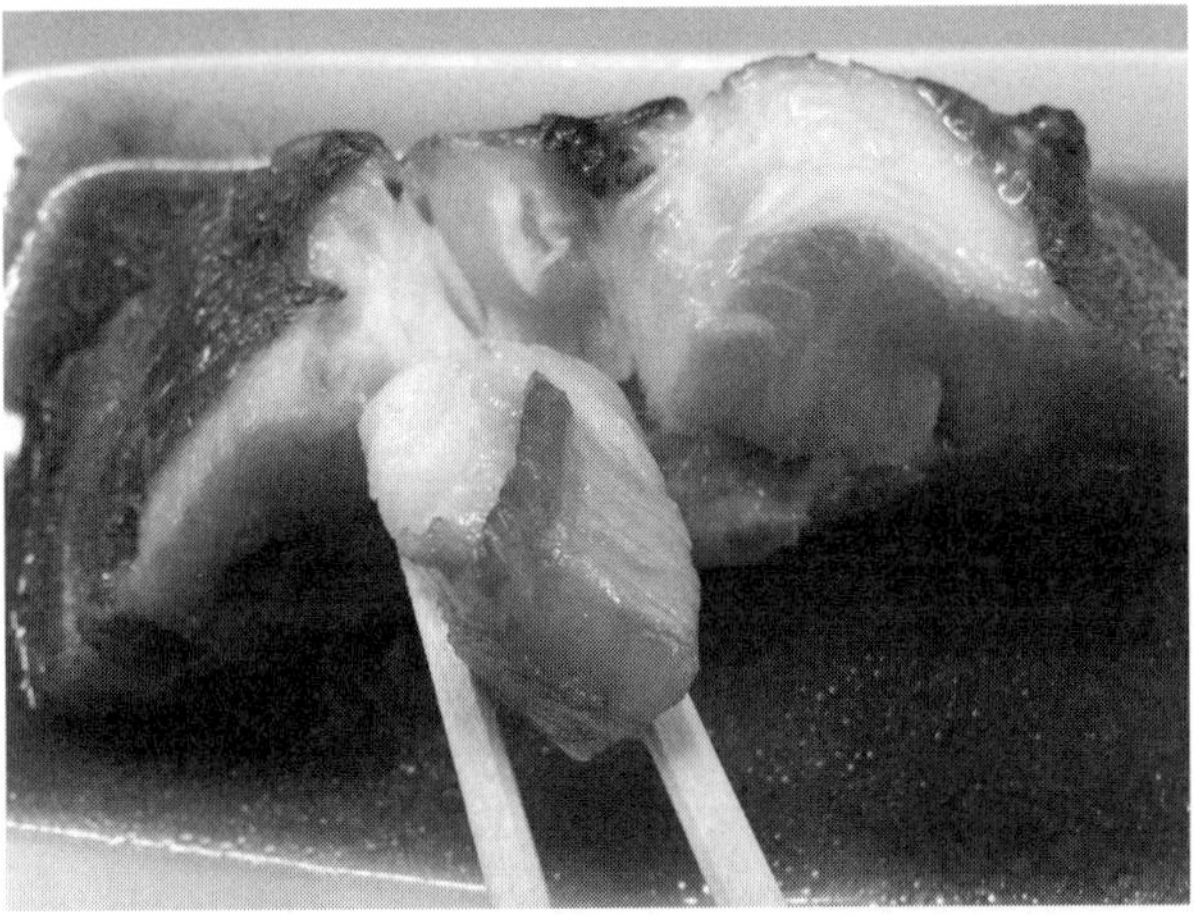
この肉厚なカレイ煮付け。本当においしかった

「いっつも、こぎゃんにいじめるんです」

と困った顔で笑った。こぎゃん、かわいい。

ボクがその大鍋を覗いたら、

「食べますか？」

と言われた。そう言われたら食べないわけにはいかない。

しかし皿に取って出されると、ひと切れがかなりでかい。厚みがある。少食なボクは一瞬ひるんだ。時間をかけてやっつけようと思う。

ところが、食べてみたら、これが超ウマイ！

あっという間にたいらげてしまった。

驚いた。こぎゃんにおいしいカレイの煮付け、食べたことがない。身が新鮮でプリプリ。そして味付けが東京と全然違う。甘みが抑えてあっ

て、コクがあるがさっぱりしている。なんだこれは。驚いてるのを見てとったか、女将は、

「佐賀の宮島醤油というのを使っているんです」

と教えてくれた。そういうのがあるのか。憶えておこう。

オタク青年が帰ると、奥にいたひとり客のおとなしそうな若者に、女将がそっと、

「こっち移る？　指定席がよかろう？」

と声をかけていた。オタクの座ってた席が、彼のいつものお気に入りの席だったのか。

女将の小声の「よかろう？」に、ズキューン、と胸を撃ち抜かれた。

弁の勝利。佐賀弁の情感。いや、女将の魅力か。ドラマのワンシーンみたいだ。こういう場面に出くわすのも、旅の醍醐味だ。

その二――唐津線無人駅の「山口お好み屋」

佐賀を旅するには、正直、車がないと不便だ。だがボクは免許を持っていない。だから最初の二年は、佐賀に誘ってくれたYさんや、彼の紹介で知り合った現地の人に運転をお

願いしていた。

でもその車窓から時々、単線の鉄路が見え、それが実にのどかそうで乗りたくなった。それで、福岡で仕事があったついでに、佐賀への鉄道旅をしてみた。

そしたら、これがとてもいいのだ。急ぐ旅ではないから、というのがあるにせよ、佐賀の列車旅は窓からの風景ものどかで、のんびりしていて予想以上にゴキゲン。本数が少なく、急行もないけど、時間に注意すれば問題ない。

博多から筑肥線で唐津まで行き、そこで唐津線に乗り換えて佐賀駅まで行き、そこから長崎本線で鳥栖駅まで行き、そこから鹿児島本線で博多に戻る。これでおおまかに佐賀を一周できる。あとは駅からバスやタクシーを使えばいい。慣れてくると、さほど不便を感じなくなった。

この六年間の後半三年は、コロナのせいもあり、もっぱら列車と徒歩、時々レンタル自転車の佐賀旅である。

唐津から南下する唐津線。三両編成で、車体はけっこう古い。一時間に一本くらいか。ワンマンカー(そうでない列車も少しあるらしい)。

いかにもローカル線という雰囲気がいい。厳木川《きゅうらぎがわ》に沿って、山あい、狭い田んぼの中を走っていく。山、川、河原、橋、そこにひとり釣りをしているお父さんが見える。

スピードも遅くて、車内の空気が昔めいている。日中は空いているから、四人掛けのボックスシートにひとりで座れて最高だ。車旅にはない旅情が味わえる。

そんな折、佐賀に誘ってくれたUさんから「佐賀の田舎に行くなら、ぜひ行ってみてください」というお好み焼き屋情報が届いた。それで、その店がある岩屋駅で降りてみた。

小さな無人駅だ。ICカードは使えない。でも駅舎は木造オンボロではなく、昭和モダン的で、外壁はピンク、魚のような形の水色の屋根がかわいい。

ところが、めざす店は駅から遠く、Google mapを見ながら歩いたのだが、どんどん田舎の住宅地に入って行き、神社を通り過ぎ、小さな橋を渡り、もはや商店など一軒もない地帯になり、道を間違えたりしながら三十分も歩いて、やっと着いた。だが、店を見た瞬間、

「おぉ！」

と声が出た。これはいい。すごい。

「山口お好み屋」。名前が最高。お好み焼き屋、が途中省略されて、お好み屋。

迷いながら歩いていって、発見した時は声が出た

古い古い木造平家の一軒家。看板のつき方、最高。紺の暖簾も最高。この時は五月だったので、入り口の横に小さな小さな鯉のぼりも出ていた。

こんな場所に、こんな店が。夢のようだ。なぜか、木の上にある鬼太郎の家も思い出した。

しかも、午前十一時半だというのに、店の前には人がいっぱい。人気店なんだ。

並ぶのか。並ぶのは嫌だな。だけどここまで来て食べずには帰れない。

おや、しかし、よく見るとみんな一列に並んではいない。名前でも書くのか。

その人たちの間を抜けて進み、店の中

を覗いてみる。

右手にテーブル席、奥に座敷、その間に小さなコの字カウンターがふたつ。思ったより広いが、席はほぼ埋まっているか。店内に一歩踏み込むと、ボクに気づいたカウンターの中のおじちゃんに、前のカウンターへと手招きされた。なんだ、あっさり入れた。しかも鉄板前。特等席に着けた。

表の人たちは、お持ち帰りのお好み焼きができるのを待っている客だった。

店内外の客がみんな楽しそうだ。いい店は客の表情を見ればわかる。

ボクはお好み焼き屋でも、お好み焼きより、焼きそばが食べたくなる。ビール（缶）と焼きそばを注文した。

店主らしきおじちゃんは、お好み焼きと焼きそばを交互に作り続けている。

ちょうど焼きそばセットの時に当たったようで、ラッキー。数人分が一度に作られる。目の前で、自分の焼きそばができあがっていくのを見ながらビールを飲むのは、最高のひと時だ。

しかも五月晴れのお昼前。外気が戸口から窓から流れ込んでいる。そばの焼ける音。客たちの和やかな話し声、笑い声。冷たいビールの喉越し。

例のチャンポンの麺的な太麺を炒めて、もやしとキャベツをいっぱい加え、コテで返し、少量の肉を加え、ソースで味付けて、最後におかかをまぶしてできあがり。

それを人数分に分け、一人前がコテで鉄板の上をシューっと、ボクの前に差し出される。その焼きそばを出された状態からそのままフォークで食べる。割り箸でなく、フォークというのも面白い。

めっちゃくちゃうまい。ソース味がビールと最高に合う。しかも、三〇〇円。安すぎて申し訳ないようだ。

注文も客も、絶えることがない。おじちゃんは永久運動のように焼き続けている。それを眺めながら焼きそばをつつき、ビールをぐびりとやる。季節、天候、気温、時刻、場所、状況、そして味、全てが申し分ない。パーフェクト。光、匂い、音、全部心地よい。

真っ黒で波打った鉄板の年季が物凄い。そこで焼かれ続ける薄いお好み焼きが、あまりにうまそうだ。

焼きそばが軽かったので、お好み焼き（小）を追加注文した。

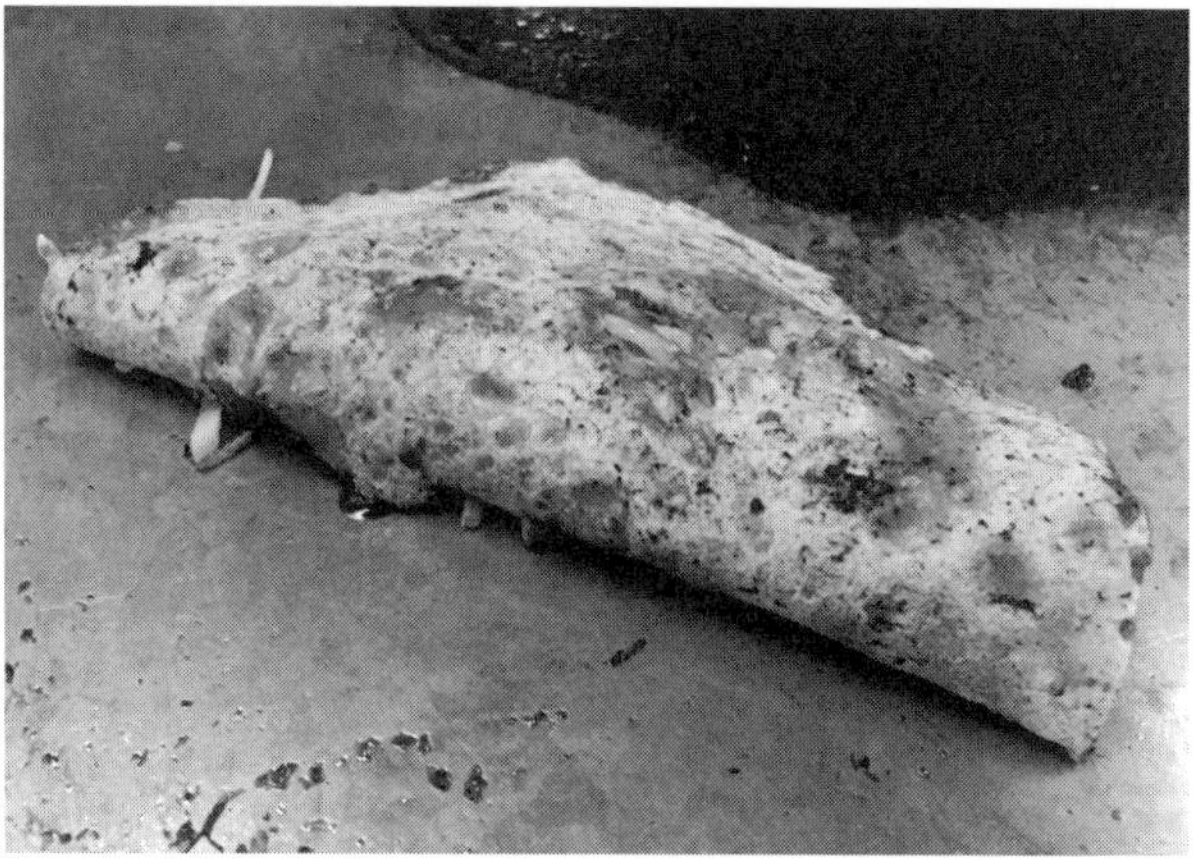
お好み焼き（小）150円！

これが一五〇円！　安すぎないか。見ると（大）でも二〇〇円だ。本当か？　夢のようだ。（小）は、二つ折りにされた小さめのお好み焼きだった。今の腹にはこれで十分だ。
　生地の薄さがいい。食べやすい。キャベツたっぷりなのが嬉しい。
　テーブル席の家族客の子どもであろう、小学校三年生くらいの少年が、ひとりボクのいるカウンターにやってきて、空いてる席に黙って座った。きっと小さい時から来ているんだろう。態度、仕草が店に慣れきっている。
　少年は、瓶のラムネをラッパ飲みしながら、店主の作業を見ている。その所作が、工事の進み具合を見守るオッサンみたいでおかしくてたまらない。

突然口を開き、瓶を持ったまま、店主を見上げて言った。

「オジサン、こないだテレビ出たでしょ。見たよ」

店主は、少年を見てちょっと照れたように微笑み、静かに、

「あそ。ありがと」

と答えた。それだけのやりとりに、ボクは笑いを堪えるのが大変だった。

「桃源郷」という言葉が頭に浮かんだ。どこか現実離れした、すばらしい店だった。

ぜひまた行きたいけれど、遠いのでなかなか実現できない。

その三――自転車で神埼そうめんを食べに

佐賀には「神埼そうめん」という名物があるようなので、食べに行くことにした。そうめん、大好きなのだが、そんなそうめん聞いたことがない。

神埼駅から五キロほど北に上った「百年庵」という店が有名らしい。

駅前のお土産屋にレンタル自転車があったので、それでのんびり行くことにした。五キロなら楽勝だ。地図によると道もほぼまっすぐなので、迷うことはないだろう。

十一月だったが、天気がよく寒くはない。途中まではスイスイ快調だったが、途中から上り坂がだんだんキツくなってきた。

電動アシストも変速ギアもない、ママチャリ号だったので、シンドい。言ってよぉ。

ちょっと休もう、と思った道沿いに、大きな水車が回っている。

見ると、奥に大きな三つの水車を形取った建物があり、「水車の里・遊学館」と書いてある。ちょうどいい。休憩がてら見学することにした。

明治時代、この辺り仁比山《にいやま》地区には、城原川を利用した六十以上の水車があった。これらは「神埼水車群」と呼ばれ、精米・精粉の他に、紙漉きにも利用されていた。

という話を、ガイドのおじさんがパネルを見ながら面白おかしく説明してくれた。だが、ものすごい訛りのある佐賀弁で、時々何言ってるのかわからないので、話の内容と違うところで何度も笑ってしまった。この人自身がオモロイ人なのだ。この人に会えただけでも、この道草には意義があった。

ガラス越しに渓流が見え、そうめんに絶好のロケーション

よくできたからくり人形などもあって、予想以上に楽しめた。そうめんも、元々は水車による製粉から作られていたんだろう。思わぬ事前勉強ができた。

自転車に戻り、さらに上っていくと、工場のような大きな製麺所があった。そうめんだけでなく、うどんやラーメンの麺なども作っているようである。

それを越すと「仁比山温泉もみじの湯」という温泉が現れた。ひと風呂浴びたいとも思ったが、早くそうめん食べたい欲が勝ち、パス。

道は川に沿っていて「仁比山公園」という、キャンプ場を内包する公園もあった。

腿が疲労でパンパンになってきた頃、目指す

「神埼麺工房　百年庵」が現れた。

新しくて大きな店舗。ボクのようなシブ好みは、聞いてなきゃ通り過ぎる観光地的店だ。自転車を停めて、店内に入る。

ファミリーなどで賑わっていた。大きな駐車場もあったから、みんな車で来たんだろう。ママチャリでひーこらやってきたのは、この馬鹿ひとりだけだ。

案内されたテーブル席は、横が全面ガラス張りで、渓流がすぐ下に見える。ロケーション抜群。夏なんか、この席で生ビールからのそうめん、タマランでしょう。

メニューで天ぷらなどが付いたそうめんセットを推していたが、そんなものには見向きもせず、シンプルに冷たいそうめんを頼む。「葛そうめん」とあり、麺に葛の粉が混じっているようだ。

ここはすぐ隣にある老舗「井上製麺」の直営店で「神の白糸」というブランド麺らしい。出てきた葛そうめんは、大きめの丼に水を張って麺を泳がせ、氷を浮かべたもの。横につゆの器。まあ、普通っちゃ普通だ。五五〇円は、安いのか高いのかわからない。

これが、食べたら、ビックリ！　目を見開くほどウマイ！

正直、今までそうめんなんて、およそ家で作って食べるもんで、外で高い金出して食べるもんじゃないとさえ思っていた。

それがひと口啜って「おいおい、ちょっと待って。ええ?」という旨さで、驚いた。そうめんに驚く日が来るとは思わなんだ。

なんだろう。家で作るのと、全然、まるっきり違う。

コシ、もちろんそれもある。そしてツルツル。そうめんツルツル、当たり前。ですね。当たり前なんだけど、違う。

コシとツルツルだけではない、言葉にできないおいしさに、口の中が歓喜した。

つゆも確かにおいしいのだが、これは、麺そのものの実力だ。うーん。大好きだから、いろんなそうめんを買ってきて自宅で仕事場で食べてきたが、俺はまだまだズブのシロウトだったようだ。そうめん道、奥深し。外そうめん侮るべからず。面目ない。

最後の一本までひと息もつかず啜り込んだ。いやー、おいしかった。

今度は真夏に来たい。いや絶対来る。バスかタクシーで。

帰り道は下りなので、自転車、超楽。ゴキゲン。楽しくなって、坂を降り切ったら、車道を外れて田んぼの中の道を行く。のどかで最高。

と思ったら、道が畑の中で行き止まりになり、ものすごい迂回をしてようやく元の道に戻った。結局帰りもヘトヘトになって駅に戻った。知りもしない土地で調子づくと、大抵痛い目にあう。ま、その痛い目も、旅の味のひとつなのだが。

その四――九時十三分に開くうどん屋

QUSDAMAで演奏後、夜遅く佐賀市内の歓楽街でうどん屋に入った。

そこのうどんが、いかにも九州うどんという、麺やわらかく出汁が効いたもので、飲んだ後に、すごくおいしかった。おでんなどもあったから、今度は最初からここで飲もう、という話になった。

ところが、半分酔っぱらって偶然見つけたような店なので、店名も覚えてない。翌年ライヴしに来た時、見つけるのに苦労した。

しかも、ようやく発見したうどん屋は、灯りが消えていた。ガーン。

そうかぁ。でも確かにこの店だ。「山ちゃん」。残念。だが待てよ、シャッターは降りてない。暖簾が出ていなくて、店内の電気が消えてる状態だ。時計を見ると、夜の八時半前。まだ終わるには早い。これから開くんだったりして。

未練たらしく入口に近寄ると、ドアの横に「準備中」のプラスティック札が下がっている。お？　準備中？　やっぱりこれからなのか。

足元を見たら、足拭きマットが出ている。だんだん望みが出てきた。前回来た時は、十一時を過ぎていた気もする。

「きっと遅くから始まる店なんだよ」

ということでメンバー三人の意見が一致し、近くで軽く飲んで、出直そうということになった。それほどおいしかったことが忘れられない店なのだ。

居酒屋で小一時間チビチビ飲んで、九時過ぎに戻ってきてみた。

そしたら、提灯が出ていて赤赤と灯っている！　路上にはスタンド看板も出ていて、店の中にも明かりがついている。

「やった！　やっぱり九時からの店だったんだ」

時間つぶし飲みまでして、戻ってきてよかった。

と、喜び勇んで入口に近づいたら、まだ引き戸の脇に「準備中」の札が下がっている。ま、札をしまい忘れてるんだろう、と引き戸に手をかけて力を入れたが、開かない。中から鍵がかかっている。

どうしたんだろう？　と思って、間近で準備中の札を見直して、目を疑った。

「9：13分から」

と書いてある！　な、なんで十三分？　なぜそんな半端な時間から？　三人して笑ってしまった。

時刻を見ると、九時七分。あと六分だ。このまま店の前で待ったら、六分後に店主がバーンと現れるのか。

それもなんかコワイというか気まずい気がして、ちょっと離れた向かいの店の陰に潜み、覗き見しながら待っていた。隠れなくてもいいのに。大の大人がカンケリ遊びしているみたいだ。なんかおかしくてたまらない。

九時十二分を過ぎた。

夜9時、提灯に灯りがともってるのに、戸が開かない。見ると……

な、なぜ!?

「……出てこないねぇ」

そうボクが言った途端、店の戸がガラッと開き、店主が当たり前のようにすっと現れ、緑色の暖簾を出した。我々は声を押し殺して爆笑。

本当に九時十三分ピッタリに、店が開いた。

いやー笑った。ビックリした。ゆっくりと店に向かい、そしらぬ顔で入店した。

そしてビールとおでんを頼んだ。

出てきたおでんのちくわを見て、ピアノの醍醐さんが「ちょっと、いやだぁ」と笑った。普通食べやすく斜めに切ってあるものだが、ここのは丸々一本。のたーっと曲がって横たわり、そり返って皿からはみ出ている。

ボクは九州らしく「まる天」を頼んだが、これまたデカイ、笑った。皿にぴったりいっぱいのデカさ。これじゃ器の落とし蓋だ。

いろんなおでんをおいしく食べ、日本酒を飲んだ。

締めのうどんは、やっぱりおいしかった。やっぱり汁の出汁がうまい。佐賀市に来たら、うどんはここ一軒でいいのではないか。

「山ちゃん」はいたって居心地のよい、カウンターとテーブルひとつの小ぎれいな店だ。店主は話してみたら気さくで、ちっとも変人ぽくない。

その後、半年くらいして一人で佐賀に来た時にも行った。でも、どうして九時十三分からなのかは、聞くことができなかった。なんだかまだ図々しい感じがして。時々来る客として、顔を覚えられたら聞こうと思う。

その五——鳥栖駅ホームの立ち食いうどん

鳥栖に行った。博多駅から鹿児島本線特急で二十分。九州新幹線だと十二分。東京から横浜みたいな距離感か。佐賀の一番東の方ににある駅だ。福岡県に食い込んだ場所。

この鳥栖駅ホームの「かしわうどん」が有名だと聞いた。店の名前は「中央軒」。それで調べてみたら、なんと九州で一番最初にできた駅の立ち食いうどん屋だった。昭和三十一年創業。

ネットには「鳥栖駅には同じ系列の店が四軒あるが、六番線のが一番ウマイ」という書き込みがあった。ホントかね。でもそういうのも、ローカル個人情報ならではで、頭から馬鹿にしてかかることはできない。

午前中に駅に着いたが、どのホームにも列車はおらず、ガラーンとしてひと気もない。ところが六番線のホームに中央軒を見つけると、なんと三人の客がうどんを食べていた。おお、なるほど人気店だ。

中央軒、かしわうどん、三六〇円。安い。ボクはごぼう天うどんが好きなので、店員のおばちゃんに、

「すいません、ごぼう天うどんに、かしわも入れてもらえますか？」

と言ったら、

「かしわは、なんにでも入っています」

とやさしくピシリと言われた。そうなんだ。四六〇円。それでも安い。

おいなりさん一皿一六〇円もあり、隣の人はそれを付けていた。

立ち食いらしい速さで、ボクのうどんは出てきた。

ちょっと見、ツナ缶みたいに見える細切れの鶏肉が結構たくさんのっている。刻んだ青

全ホームに列車がいないのに、中央軒には客がいる

ネギもたっぷりで、そこは九州っぽい。ごぼうの天ぷらは細切りのかき揚げではなく、もう少し太く切ったのをがバラで五本。

一味を振って、麺を割り箸で引き上げ、ふうふうして、ぞぞぞ、と啜る。

ん。うまい。九州うどんらしく、麺がやわらかい。この十年ぐらい、このコシのないうどんが好きになった。出汁の効いた汁に、やわらかいうどん。これがたまらない。

かしわはちょっと甘めの味付け。うーん、マズくはないが、ボクにはちょっと甘いなー、と思った。ごぼう天は歯応えがしっかりしていて、揚げたての香ばしさも残り、とてもいい。

食べているうち、かしわの味が汁に溶け込んできて、そうしたら汁がどんどんおいしくなっていった。最初感じた甘みは逆に薄まっていく。なるほど、そういうことか。と感心した。料理はなんでもひと口目で判断してはいけない。食べているうちに完成していく食べ物もある。だから一口目勝負の「食レポ」は鵜呑みにできない。

それにしても、ホームというロケーションが抜群。六番線からは、線路の外の草木も見えて、目に心地よい。六番線の店が一番うまいという噂は、この景色が味に加算されているのではないか。冬は背中が吹きさらしだ。だが、かじかむ両手で丼を持って啜る熱いうどんは、またコタエラレナイ。と想像がつく。

みんな黙ってうどんを啜っているが、この時間を全身で楽しんでいるのが伝わってくる。鳥栖に来たらコレ、と決めている気がする。そういう店のある人生はシアワセだ。

酒や缶ビールもある。電車まで時間があったら、ちょいとやるのもまた一興だろう。

その六――名護屋城からの「サザエのつぼ焼き売店」

唐津の波戸岬にある名護屋城跡に行った。

豊臣秀吉は天下統一を果たした後、大陸への侵攻を考えた。なんだろうね、もっと領地を広げたい、人のものまで欲しい、という人間の果てない欲望は。ヤダヤダ。

その拠点として、秀吉は朝鮮半島を望む唐津波戸岬の丘陵の上に、名護屋城を築いた。今から四百三十年前のことだ。周囲三キロ以内に百二十の陣屋が築かれ、城下町もできて、最盛期には十万人が住んでいたという。

秀吉が死んだら、大陸侵攻計画は消え、城は廃城になった。今は崩れかかって草蒸した石垣しか残っていない。

それを今回眺め歩いて「虚しいもんだ」と思いながら、なにか痛快だった。ひとりの巨大な欲望が多くの弱い者を殺して、残したものは石ころと雑草。

天守閣跡まで登ると、かつて陣屋のあった土地が一望できた。全国から集められたツワモノがそこにいた。徳川家康、伊達政宗、前田利家、鍋島直茂……。見下ろして秀吉は、

「むふふ、チミたち、その時が来たら、よろしくね」

とほくそ笑んだのだろうか。その向こうには日本海がバーっと広がり、その向こうに朝鮮半島だ。秀吉の馬鹿は、ここでどんな愚かな夢を見ていたのか。

城跡は広く、すべて周ると一時間ぐらいはかかる。なんだか、死んでる秀吉に過去の権力自慢を見せられるようでつまらない。運動のためにてっぺんまで登って、すぐ下りた。

あーあっと、なんかウマイもんでも食おう。

というわけで、波戸岬の名物「サザエのつぼ焼き売店」に行った。丘陵を海岸の方まで降りた、岬の近くにある。

まず売店の形状が面白かった。細長い木造平家の長屋で、中はつながっている。その中に一本の長いカウンターがあり、それが四人分ずつぐらいに区切られていて、それぞれに一人の焼き手がいる。そのひと区切りごとが、独立した個別の店なのだった。

焼き手、つまり店主は、ほとんど女の人だ。年齢は様々だけど、おばちゃんが多い。

それぞれのカウンター前には、二人がけの長椅子が二脚。ここに座って注文して、飲み食いする。

あるのは、サザエのつぼ焼きと、イカ焼き（塩・タレ）のみ。すべて五百円。潔い。

「一口アワビ」というのも時々あるそうだが、その日はなかった。

だけど、目の前には塩辛とかイカ煎餅とか、しそわかめの瓶詰めとかたくさんお土産が売っている。

ボクが着いた席の店主おばちゃんに聞いたら、カウンターごとに仕入れも全部違う、独立採算性なんだそうだ。

しかも、面白いのは、店主は営業カウンターを毎日ひとつづつ、横にずれていく。

ボクが座った一番右端のカウンターの人は、明日は一番左のカウンターに入るそうだ。ボクの方から見て、右へ右へ、店が毎日ずれていく。

水道と焼き台だけが、据え置き。それ以外は毎朝、食材やお土産を、各自自家用車で持ってきて、その日の仕事が終わると、全部持って帰る。

同じものを食べさせる、屋根をひとつにした店で、そんな営業方式の売店、初めて見た。

海苔漁で海苔棚の場所取りを、毎年くじ引きで決める、というのを思い出した。

売店の店主は、ほとんどが同じ集落に住んでいる、というのも面白かった。

風の通り抜ける長屋

サザエの焼ける匂い……

これ以上、何が欲しい？

サザエの壺焼き長屋は二棟あり、ボクが入ったほうは築四十四年、もう一棟は築五十年だそうだ。両棟とも木造。一度鉄筋で建てたら、潮風にやられて二年でダメになったそうだ。

お世辞にも立派とはいえないが、木造安普請ならではの風情があって、ボクはたまらなく惹かれる。長屋は、窓も戸も全部開け放ってあり、風が入り、解放感この上ない。これはビールを頼むしかない。サザエの壺焼きももらう。

たちまち醬油と貝が煮える香ばしい匂いがプーンと鼻を突き、辛抱たまらん、その匂いを肴に缶ビールをグビクビっとやる。

窓から海が見えるひなびたカウンターで、海風に吹かれて、サザエのつぼ焼きとビール。これ以上、何が欲しい。秀吉よ。世界の大国の大将よ、すぐ戦争やめてここに来い。

真夏は、窓そのものを全部外してしまうそうだ。扇風機、冷房はもちろん無い。

イカ焼きも頼む。醬油味は間違いない、あえて塩味で。マヨネーズを出してくれた。七味もある。ここはあの呼子のすぐそばだ。イカがウマくないわけがない。それをアテにビールをもうひと缶。

ああ、ここにずっと、日が暮れるまでぼーっとしていたい。

その七――佐賀市内の餃子店「南吉」

二〇一八年に初めて行って以来、佐賀を訪れるたび、ここで餃子を食べるのが小さな、いや大きな楽しみなのだ。

遠くにそういう店があることは、旅に出る楽しみを倍にする。

「佐賀さいこうフェス」に、QUSDAMAで出演した後、市内の裏通りで偶然、この店に出会った。まだ早い夕方のことだ。

「ここ、やってるのかな」

とボクはメンバーに言った。路上看板は出ているが、表が明るいので、そこに灯が点いてるのかわからない。

そっけないドア。磨りガラスで店内が見えない。

その日撮った店の写真を見たら、暖簾がない。それが営業感を薄くしているのだった。

暖簾は、日本の飲食店にとって「やっていますよ、さぁどうぞ、いらっしゃい」の手招きなんだな。暖簾が無いと、店は黙って目をつぶっているように見える。

でもよく見ると、ドア横の、かまぼこ板ほどの小さな板に「営業中」と書いてある。だけどその板が風雨にさらされ焦げ茶色になっていて、近づかないと文字が見えない。ドア横に小さな窓もあるが、ブラインドが降りている。でも時折、店員らしき人影がその狭間に動いていた。

おずおずとドアを開けると、短いカウンターの奥に一人客がいる。やってるらしい。

「三人なんですけど、いいですか」

と言うと、明るい感じのお母さんがカウンターの中から「どうぞいらっしゃい」と言い、その人のご主人であろう野球帽をかぶった店主も、仕事の手を動かしながら顔を上げ、無言の笑顔でボクらを見た。

店はカウンター五席ぐらい（長椅子なのだ）と、小さな座卓が二つある細い小上がりだけの、ごく小さな店だった。詰めても十人入れるかどうか。

ボクらは並んで座り、ビールを頼み、メニューを見て、

「酢もつと、焼き餃子を一皿ください」

と注文した。すると店主が無言で目を見開き「え？」という顔をした。「三人で一皿？」という表情だった。

店主は黙って冷蔵庫から棒状の生地を出し、少しずつ切っては棒でのし、餃子の皮を一枚一枚作り始めた。そこから作るの？

ボールに入った餃子のタネが、ボクの知っているそれと違う。白っぽくて、ニンジンぽいオレンジ色がポツポツ見え、遠目にはポテトサラダのように見えた。

思ったより早く、餃子は焼き上がって出てきた。小ぶりで十個。タレと細い青ネギのみじん切りがどっさり出た。

食べた。めちゃうま。軽い。一皿は一瞬で消えた。

「すいません、焼き餃子あと二人前ください」

と叫ぶように言ったら、

「そうでしょ？」

と主人とお母さんに笑われた。そういうことか。

今度はもっとちゃんと味わって食べた。おいしい。こういう餃子を食べたことがない。さらに水餃子を追加した。これまたバカうま。驚いた。

それから半年くらいして、また行って食べた。やっぱりとってもおいしい。その時はもう少しご主人と話した。ご夫婦だけで、もう三十年以上営業しているそうだ。

餃子以外にも、「野菜炒め」とか「おむれっと」とか「レバソテイ」もあるが、なかなかそこまでたどり着かない。「みそ汁」も「しろめし」もあるが、いつも最後までビールだ。それも冷蔵庫から自分で出してくるようになった。

もはや、南吉に行かない年はない。

餃子ビールをやりながら、お父さんから佐賀の話を聞くのも大好きだ。

まだ唐揚げしか食べたことのない、有明海の「エツ」の刺身は、六月頃の短い時期にだけ食べられるそうだ。唐揚げにするのは「エツ子」で、刺身にするのはもっと大きく、唐揚げなんかよりずっとおいしいとお父さんは言う。それはいつか食べてみたい。

ある時は、お父さんの友人で鮒釣りの天才が作った「鮒の煮付け」をいただいた。これが絶品。鮒を「オイシイ！」と思ったのも初めてだ。

コロナの時は、客足が途絶えて大変だったそうだ。乗り越えられてよかった。

この店を絵に描こうと、自分で撮った店の写真をよく見ると、店の表の端のほうに箒とちり取りが掛けてあって、青いプラスチックのバケツが置いてある。エアコンのパイプには細いハンガーが掛かっていたりして、店のお父さんとお母さんの質素で堅実な人柄が現れているようだ。


先日、お父さんの八十歳の誕生日の夜、東京から店に電話したら、お母さんが出て、名乗ったら驚いて、今日は店にお客さんたちが集って誕生会をしてくれるんですよ、と言う。しかも今まさに、ケーキのロウソクに火を点けて灯りを消したところです、と笑った。

お父さん、お母さん、お元気で。一日でも長く南吉が続けられますように。

その八――太良の「次郎長」

太良に行った。佐賀の南端に近い海の町だ。

肥前鹿島駅で電動アシスト自転車をレンタルして、南にのんびり走り、太良まで来て見つけたのがこの「食堂次郎長」だ。

発見時、午前中でまだ営業前だったが、ひと目見て「これはいい！」と自転車を降りて、写真を撮った。

デカデカと書かれた看板の文字がなぜか笑いを誘う。正直過ぎる人、というか。つまり馬鹿正直か。周囲を気にせず、大きな声で思ったことを言う人。

「次郎長はハゲを隠しません！」

とか。ちょっと周囲が困る。でもいい人。

ひとマスに一文字ずつ、クソ真面目に書かれた「食」「堂」「次」「郎」「長」の筆致。そのスピード感と力強さと安定感。だがどこか今の時代的ではない。少しズレている。きっちりと流行から外れてる。きっとこの店はおいしい。人はどう思うか知らないが、絶対にボクの好きな味のものを食べさせてくれる、と確信を持った。

店の上にそびえ立つ煙突も、実に味わいあって、絵になる。いや、絵というよりマンガだ。マンガ煙突。それが正直に高々と立っている。立てている。こういうの、最近の飲食

この看板の堂々たる筆致にヤラレタ。「食堂」と「次郎長」が90度だし

店で見かけなくなった。

しかし、なぜ太良で次郎長。次郎長といえば清水だろう。いや、そのわけは、おいおいわかればよい。なんでも理由や結論を急いでスマホを見るのは、現代人のツマラナイ癖だ。

自転車で周辺を回って時間を潰す。「大魚神社の海中鳥居」というのが面白かった。

午前十一時半に、次郎長に戻ると、暖簾が出ていた。よし。店は角地に立っているのだが、その長い暖簾が、角に向けて斜めにかけられているのがユニークだ。暖簾を含めた外観を改めて目で味わう。

自転車に鍵をかけ、入店する。L字カウンターと小さな小上がりのこぢんまりした店。すでに客がカウンターに二人。その一人はなんとお坊さんだ。袈裟を着たお坊さんが、食堂のカウンターでごはんを食べているのを初めて見た。

メニューを見ると、木の板に白いペンキで、ちゃんぽん、焼きそば、ラーメン、豚汁、親子丼、焼きめし、稲荷すし、野菜いため、と書いてある。その字にまた味がある。ラーメンは四〇〇円という安さだ。

迷ったが、四八〇円の焼きめしに、二七〇円の豚汁をつける。

出てきたものは、期待を裏切らないおいしさだった。いや、期待以上だ。黙ってニヤニヤしてしまった。

焼きめしは、卵がごく細かくなったタイプで、肉、ネギ、そしてナルトも細かく切ってある。パラパラとして油少なく、これはチャーハンというより確かに、焼きめしだ。真ん中に紅生姜がのり、添えてあるのは黄色い福神漬け。珍しい。楽しい。レンゲでなく、スプーンで食べさせるのもいい。そのスプーンが、紙ナプキンできちんと巻かれて出てくるところも、心憎い。

紅生姜がのった「焼きめし」と「豚汁」。包まれたスプーンもいい

そして豚汁。注文されてから、ニラ、キャベツ、賽の目に切った豆腐を入れていた。

そして、お椀でなく陶器の器によそられて出てきた。スプーンですくって啜ると、味が濃くなくて、焼きめしの邪魔をしない。啜っているうちに、だんだん野菜の味が出ておいしくなってくる名脇役だ。こういうタイプの豚汁、初めてだが、大いに気に入った。

この焼きめしに豚汁、毎日でも食べられる、看板の印象通りの実直なおいしさだ。

後から入ってきた若者三人は全員、焼きめしとラーメンを頼んでいた。

ラーメンは豚骨のようだが、ボリュームが少なめで、焼きめしが主食で、副食としてラーメンを付けているように見えた。こちらでよく見る「半チャンラーメン」と逆の考えだ。「半焼きめし」というメニューがないのも、納得できる。

太良・大魚神社の海中鳥居

シブかっこいい肥前七浦駅

第八章　佐賀のお友だち

唐津市内でキンちゃんと記念撮影

佐賀市の駅前大通りを歩いていると、いろんなところに銅像が立っている。ちょんまげもいれば、洋装の人もいるが、誰だか知らない人が多い。そばに行って名前を見ても、まだわからない。

「佐賀の七賢人」という言葉がある。主に幕末から明治時代に活躍した七人だというが、ボクがわかるのは、早稲田大学を作った大隈重信くらいだ。

あとの鍋島直之、佐野常民、島義勇、副島種臣、大木喬任、江藤新平。

なんとなく名前は見たことある人もいるし、読んだ小説に出てきた人もいるが、あらためて何をした人か言ってみろと問われたら、正直、なんも答えられない。

佐賀県民に「いい歳して、そんなことも知らないのか久住は、アホか」と呆れられてもしかたがない。

しかし、佐賀駅前には、七人どころか、二十五体もの銅像が立っている。ほとんど知らない人だが、中にはその人が作った商品はよく知っている、という人物もいて、また佐賀に驚かされるわけです。

何度も訪れるうち、銅像に対して「あいつ」とか「あいつら」と呼びたくなるような親しみを感じてきた。ボクは彼らを心の中で「佐賀のお友だち」と呼んでいる。だって銅像年齢の彼らは、ほどんど今のボクより年下だから。

今回はそんな友達を何人か、紹介しよう。

キャラメルを作ったリーチと

まずはリーチ（ボクが付けたあだ名）。
やさしそうな顔をしたおじさんでしょ？ 初めて会った時、なんか四角い箱を通行人に突き出して、得意げに腰に手を当ててるから「なんだこいつ」と思ってたんだけど、近くに行ってよく見たら、箱は意外なことにキャラメル！
なんと「グリコ」の創始者、江崎利一くんでした。佐賀出身。ここであのキャラメルを作ったんだって。「へぇ！ そうだったの？」って、思わず

ミルクキャラメルを作ったタイチロー

ピース。

キャラメルといえば、この人もなのです。伊万里出身のタイチロー。

彼、明治二十一年に二十三歳で佐賀からアメリカに渡ったんだ。その時代に、その若さで、よくやるよなぁ。勇気あるぜ。

なんだかんだ十年ぐらい向こうで暮らして、洋菓子の製法を覚えて帰国。東京に西洋菓子製造所を開設。大正三年、四十九歳の時「ポケット用ミルクキャラメル」を発売したら、これが爆発的ヒット。さらに日本初のミルクチョコレート、飲料用ココアも発売したんだ。

今も売ってるロングセラー商品「マリービス

サロンパスを作ったサブロー

ケット」もタイチローが作ったんだぜ！

あらためて紹介しよう、「森永製菓」の創始者、森永太一郎！　イエー。

腕組みしながら、さりげなく製品を見せびらかしてるのが憎らしいから、ほっぺをつっいちゃった。佐賀の皆さんごめんね。でも、タイチロー全然怒らないんだぜ。人間が大きいよ。あ、銅像だからか。

お次はサブロー。

オールバックで、ヒゲボーボー。スーツの空いてる部分が全部ヒゲ。ヒゲナプキン。ちとキタネーな。

今の「久光製薬」の初代社長、久光三郎さ。

日本にドイツ医学を導入したサガラちゃん。微妙に嫌がってる

あの「サロンパス」を作ったんだぜ。

昭和九年に発売したら大当たり。今の会社の礎を作ったのさ。うちの親も、いつも肩にサロンパス貼ってたなぁ。先日、サブローの肩を揉んでやったんだけど、カッチカチだった。そりゃそうか、銅像だもんな。

最後に、いつも同じベンチで読書してる、サガラちゃん。

正しい名前は「相良知安」と書いて、さがら・ちあん。

全然知らなかったけど、日本にドイツ医学を導入したんだって。その筋ではけっこう有名らしく、東大の付属病院の玄関にも銅像があるそうだよ。

「なに読んでるのぉ?」って横から覗き見したら、無言ですごく嫌そうにしてた。邪魔してごめんね。


なお、佐賀駅前通りには、佐賀二十五賢人グループSAG25がいます。今やみんなお友達です。カッコの中はあだ名。

SAG25メンバーは、鍋島直正くん(トノ)、古賀穀堂くん(コック)、鍋島茂義くん(ナベやん)、大隈重信くん(クマ)、副島種臣くん(タネウマ、タネチン、タネ)、枝吉神陽くん(エダッパ)、島義勇くん(イサム)、佐野常民くん(ニッセキ)、江藤新平くん(チンペー)、大木喬任くん(アブラスマシ、ブラ)、辰野金吾くん(キンちゃん、ケンチク、キンゴロ)、曾禰達蔵くん(タッツァン)、中林梧竹くん(バヤ)、田澤義鋪(セーネン)くん、下村湖人くん(ジロー)、志田林三郎(エレキ)くん、黒田チカさん(チカチャン)、森永太一郎くん(ジャンボ・キリスト)、江崎利一くん(グリ)、伊東玄朴くん(オランダ)、相良知安くん(ハンサム)、石井亮一くん(イシーセンセェ)、石井筆子さん

（ヒメ）、中冨三郎くん（ヒゲ）、市村清くん（キヨシギンザ）です。
……全部ボクの頭の中だけのあだ名だけどね。

「ま、あんまり考えすぎるなよ。飲み行こ」

「三人で力を合わせて、佐賀を盛り上げよう!」

第九章　佐賀忍者村、夢街道

成功率ほぼ0%なのに挑戦者が絶えない忍者橋

嬉野では「肥前夢街道」の看板をいくつか見ていた。

ボクはてっきり、そういう道があるのだと思っていた。

瀬戸内海の「しまなみ海道」とか、福井の「鯖街道」のような、観光的なテーマのある道路かと……。

そしたら全然違って、「肥前夢街道」という名前の「忍者村」だった。

えー!?　忍者村ぁ？

「夢街道」という、なにかフワッとしたパステルカラーで瞳に星な街道と、「忍者」という、黒の裏社会の誰にも知られず殺し殺されるイメージが、頭の中で全然繋がらん。

忍者は、夢なんか抱いて街道をるんるん歩かないだろ絶対に。

いろいろ聞いて、やっとわかった。

元々は、忍者村ではなく、ただ「肥前夢街道」だった。ただ、と言ったら失礼だが。

嬉野は、江戸時代、長崎と小倉を結ぶ長崎街道の重要な宿場町だった。その当時の嬉野の町を今の時代に再現させたのが、「肥前夢街道」というテーマパークだったんだそうだ。

「夢街道」は、道でも忍者でもなく、歴史テーマパークだった。わかりにくっ。

一九九〇年開業。平成バブルの最後の方だ。老舗旅館が母体となって設立され、敷地面積七万五千㎡、施設数六十というから、壮大なスケールである。

テーマ曲もあり、最盛時は九州全域でテレビCMも流れていたそうだ。

だがボクはそう言われても、キョトンとするばかりだ。もう二年近く嬉野に通ってるのに、そんなの聞いたことがないし、そんなものの存在、全然感じられなかった。そんな大きなものが嬉野のどこにあるの？　「夢街道」の看板についても、嬉野の誰ひとり話してくれなかった。どういうこと？

「肥前夢街道」は、二〇〇五年に別の会社に経営が移り「佐賀元祖忍者村・肥前夢街道」に変わったんだそうだ。

バブルの崩壊とともに、さびしくなっていったのだろうか。でも、最近はわざわざそういう「サビシサ」を楽しみに行く若い観光客も増えている。よし、どんなものか、行ってみようじゃないか。

というわけで、別の取材の後、行ってみた。そしたらちょうど夕方四時で、平日の閉園時間。

でもスタッフのご好意で、入れてもらえた。そして客の誰もいない夢街道忍者村の中を、腰の低い忍者にひとまわり案内していただいた。

まず大きく立派な木の門があり「肥前夢街道」と古い立て看板が掛かっている。だがそれをくぐると、すぐに小さめの門があり「元祖忍者村でござる」と書かれたマンガっぽい横看板がある。いきなりの苦しまぎれ感に笑う。「元祖」って、新しいだろ。

客はここで忍者服に着替えることができる。この日は閉園後だったので遠慮したが、できれば着替えて過ごしたいところだ。忍者服だけでなく、江戸時代の町人服もたくさん用意されている。つまり、一日コスプレで園内をすごせる。

敷地内には、忍者のマネキンがいたるところにいる。忍者村になってから来たのだろう。駐車場には、馬の頭をつけたバイクが停まっていた。これは馬、ということだろうか。このセンス、無理矢理感もたまらん。

そして歩いてみたら、敷地、めちゃめちゃ広い。なにここ?

「佐賀藩奉行所」「旅籠」など江戸時代風の建屋が、大きくて本格的。これは金がかかりまくっているぞ。このテーマパークを作った旅館は、当時どれだけ儲かってたんだ。

「かたじけない！」を連発する腰の低い忍者と

川崎の「日本民家園」、東京・小金井の「江戸東京たてもの園」と並べても、何の遜色もない規模と建造物群。なぜこれをもっと早く教えないの、嬉野の人。

ロケーションもよく、高台にあるので、嬉野の街を一望できる。さらに向こうの山々まで望める。

造園もしっかりしていて、桜をはじめ、季節の花が愛でられるだろう。散歩するだけでも、半日楽しめそうだ。デートスポットとして、全然いいじゃないの。

「代官所」の中に入ると、江戸時代の刀や、手裏剣、鎧など忍者の武具が、少し寂しげに展示されている。

「寺子屋」の中には書がたくさん掛かっていたが、それらは佐賀北高等学校書道部のものだった。急にローカル感があらわになる。

「百鬼丸館」というのは、切り絵職人・百鬼丸さんの作品展示ギャラリーだった。ボクも切り絵をやるので、興味深かった。忍者との微妙な距離感が味だ。

「辻占い」では有名な東京易学の先生が運命をピタリと当てるらしい。

さらに、有田焼のらくやき体験コーナーもある。吉田焼の絵付けをしに来ているボクはドキッとした。しかもその横には、佐賀の伝統的な「登り窯」まで再現されている。本当に金と手間がかかっている。

が、園内には、やたら忍者や姫のマンガ風「顔はめ」が立ってる。こういうのでも立てないと忍者感が保てずサビシイ、というような今の経営陣の気持ちがにじみ出ているようにも思える。夕方で人もいないので、顔はめたちも淋しげだ。

大名専用の宿、「本陣」も本格的書院造りでデカイ。木造で細部までよくできてるけど、外観を見せてるだけ。中に殿様がいることもある、という設定らしい。

射的場もあって、ボクは手裏剣投げと吹き矢をやらせてもった。手裏剣はちょっと難しいが、うまく壁に刺さると超気持ちいい。これは結構本気になってしまった。

全体に、最盛期はさぞ賑わったんだろうなあ、という栄枯盛衰のはかなさも漂うが、もとが金持ちだから、地力がある。散歩している分には裏寒い感じにはならない。

確かに最盛期の夢街道からしたら、客もスタッフも激減したのかもしれない。だけどチャチなところがあっても、ショボくはない。土台が頑丈なのだろう。

最後に「忍者バーガー」というのを食べさせてもらった。パン生地が真っ黒いハンバー

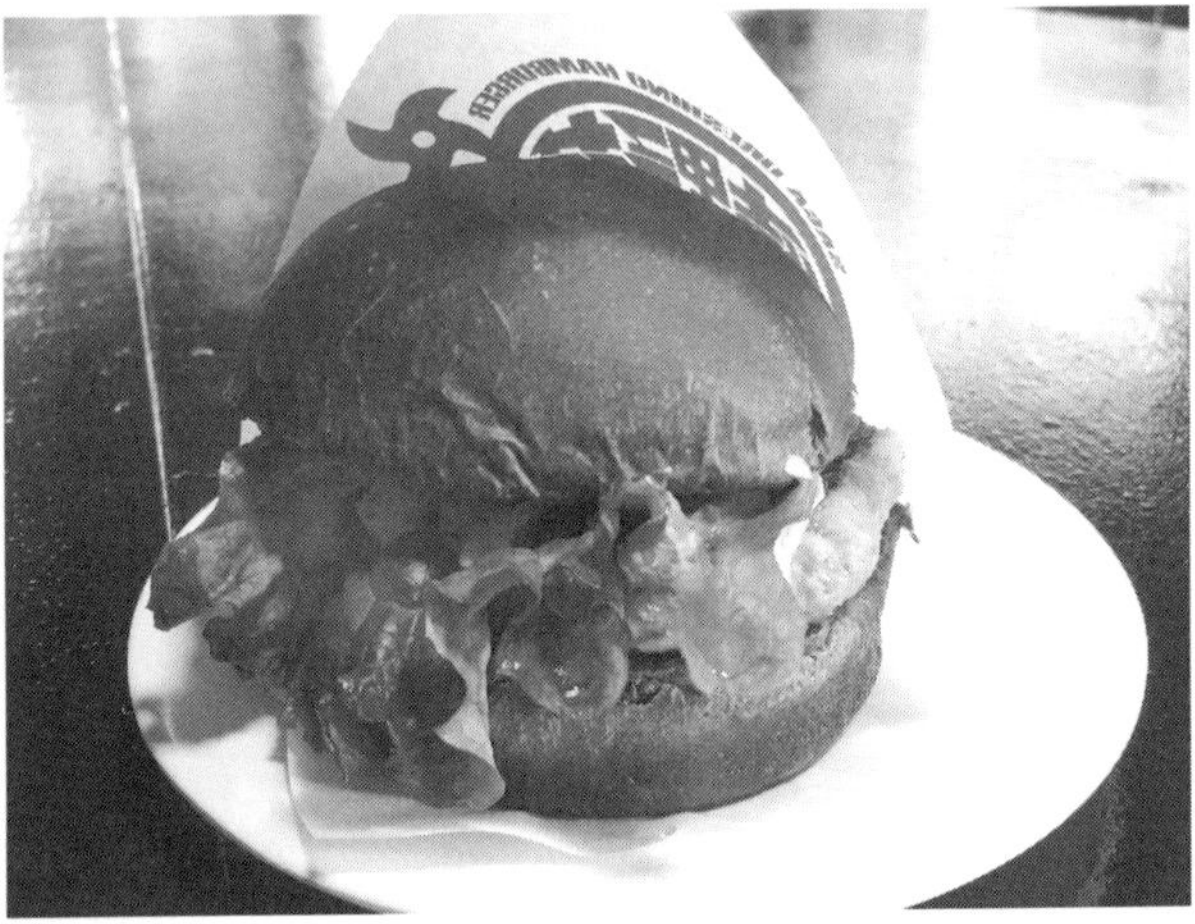
パンが黒い忍者バーガー。ちゃんとおいしい！

ガー。ところがこれが、お世辞抜きにしっかりウマイ！　有明海苔が隠し味というのもいいじゃないか。

今度は「忍者カレー」も食べたい。そして忍者屋敷の「忍者ショー」も、ぜひ見たい。ほんの数人のスタッフが役者も裏方もやるらしい。

「いやー、今日はありがとうございます。今度はお昼から来ます！」

と言うと、どこまでも腰の低い忍者は、

「かたじけない」

と頭を下げた。

その晩の宿である入船荘に戻って、温泉にゆっくりと浸かり、

「いやー今日も面白いものを見たなぁ」

と出てきたら、宿のロビーのソファに、さっきの忍者が、普通の服を着て眼鏡をかけて座っていた。一瞬「あれ?」と思ったがすぐわかった。

お互いちょっと照れ臭くて、笑ってしまった。忍者、いい人。コンビニで働いているところを、ここの社長にスカウトされたんだそうだ。

なんと、今はこの旅館が忍者村のスポンサーなのだった。忍者はこのホテルの従業員でもあるのだ。

入船荘には、仕掛けのある忍者屋敷部屋もある。気になるお方は、検索してくだされ。

話は変わるが、二度目の絵付けの晩に熱を出したのもこの宿だ。あの時はそんな面白い部屋があるとか誰も教えてくれなかった。言ってよ。

忍者村全図。めっちゃ広いのだ

バイクだが、馬ということらしい

いたるところに忍者がくっついてる

第十章　進水式を見て、宴会で演奏

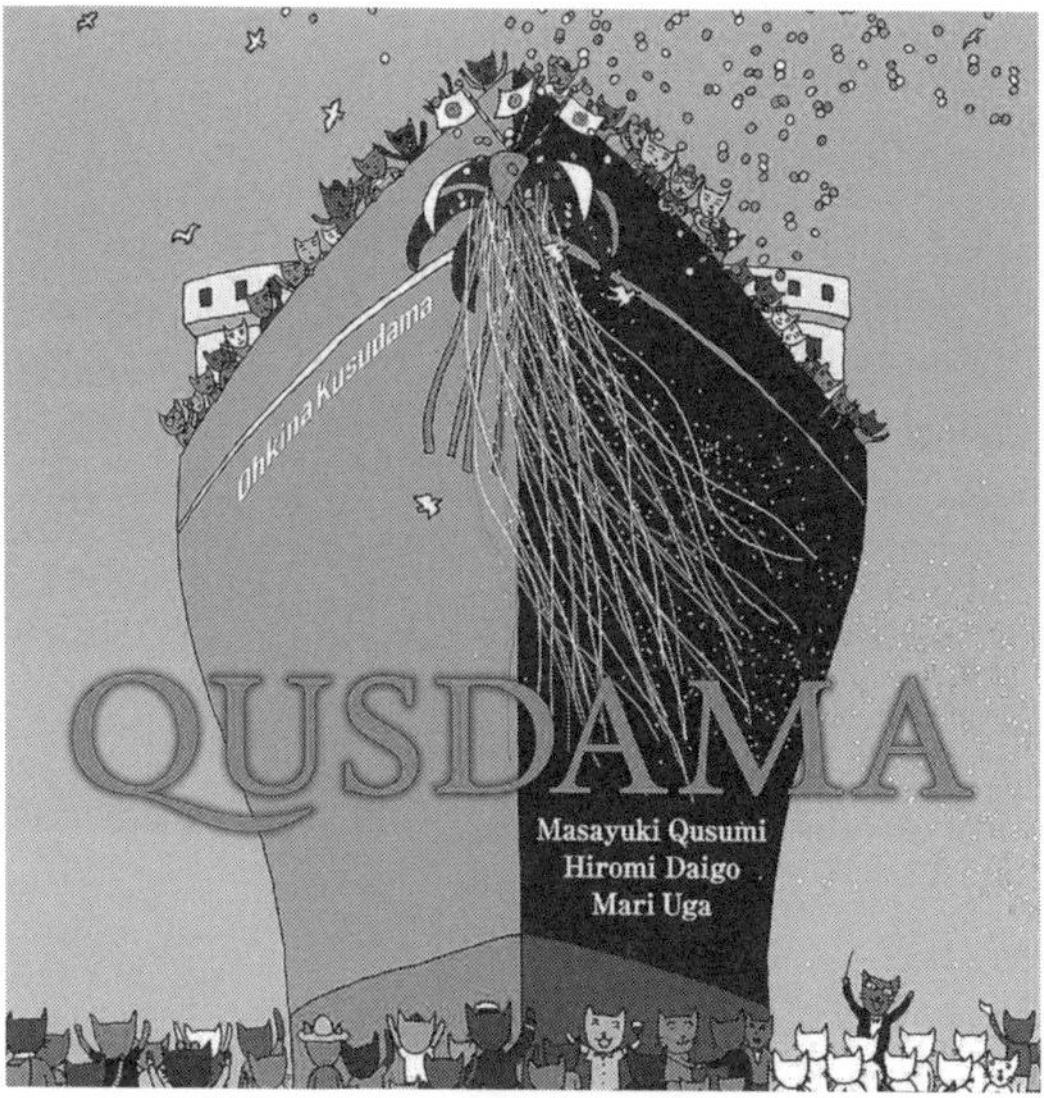

QUSUDAMA「大きなくす玉」のCDジャケット。
くす玉と言えば進水式だ。本物の進水式に参加して、
演奏までできることになってどんなに嬉しかったか

二〇一九年七月八日、以前取材した海苔漁師の横尾さんに、新しい海苔漁船の進水式に呼んでいただいた。

進水式なんて、テレビ以外では見たことがない。それは光栄だ。

さらに進水式の夜、ホテルの宴会場で祝賀会をやるので、その舞台でQUSDAMAに演奏して欲しいというのだ。

QUSDAMAは、メンバーの名前、久住（QUS）昌之、醍醐（DA）弘美、宇賀まり（MA）から作ったユニット名だが、もちろんくす玉割りのくす玉と重ねている。つまり、基本的におめでたい音楽をするユニットなのだ。ライヴの最後には実際にステージでくす玉を割る。すごく小さいのだけど。

くす玉割りといえば、船の進水式を思い出す。大きな船舶の進水式では、巨大なくす玉からカラフルなテープや紙吹雪とともに、ハトまで飛び出す。

その進水式にまさかQUSDAMAで呼ばれるとは！　なんとありがたき幸せ。

ボクは前夜に佐賀入りし、翌朝、伝えられていた造船所に向かった。

建屋前の広場にはピカピカの新しい船が、地上に組まれた木の支柱に載せられていた。

佐賀さいこうフェスでのQUSDAMA(2018)

嬉野「一粒茶屋すいしゃ」で観客と演奏後に記念撮影（2018）
佐賀では他にも「吉田皿屋ひかりぼし」など、６年間で5回のライヴを行った

さわやかな笑顔の横尾船長とボクと「武丸」

ボクが前に乗せてもらった船より、大きくてスマートだ。「武丸」という船名が力強い筆致で船体に書かれてある。船の周りには、すでにたくさんの人が集っていた。

横尾さんはボクを見つけると近づいてきて、改めてご両親を紹介してくれた。

若き今日の主役は、テレ笑いしながらも、さすがに緊張気味で、でも嬉しそうだ。

式典では、まず神主さんのお祓いがある。みんな神妙な顔をして口を閉じている。

その後、百人ほどの漁師仲間や造船所の人たちが、船を囲んでお茶や酒を飲みながら、潮が満ちるのを待つ。とのことだ。当日現場に来て初めて聞いた。

漁師さんの家族や親戚とおぼしき女性たちは、テントの中で飲み物や食べ物を用意したり、運んだり忙しくしている。

それに対して男性たちは、お茶を飲んだり、タバコを吸ったり、ビールを飲んで、のんびりおしゃべりしている。酔っ払ってる人などひとりもなく、静かなものだ。

ボクは、横尾さん以外誰も話したことないし、何となく落ち着かない。どこにいればいいのか、何してればいいのか。しかも、誰も今後の進行とか、今の状況を話す人がいない。いつになったら船が動くのか、その前にいつ潮が満ちるのか。

屋外で、船を囲んで何をするでもなく座ったり立ったり、だらだらと雑談をしている雰囲気が、日本じゃないみたいだ。東南アジアかどこかの、小さな島の漁村に紛れ込んだようだ。ボクは、その島のシキタリを何ひとつ知らない状態。言葉もわからない。手持ちぶさただが、置かれている立場がわからず緊張もとけない。

ボクが時間を持て余している様子を察知したのか、横尾さんが、あらためて出来たての船に案内してくれ、梯子からデッキに上がらせてくれた。

乗ってみると想像以上に大きな船で、ビックリした。かっこいい。船体の色やデザインも横尾さんが決めたそうだ。

新品の船の匂いがして、ワクワクする。ボクでさえそうなんだから、船長はさぞ胸を膨らませているだろう。

女性は、今日は船に乗ることはできない。船の神様が女なので、嫉妬するからだ。

海苔漁師の男たちは皆、日に焼けていて、頑丈な体軀をしている。それはそうだ。毎年毎年、あの長くて重い支柱を何千本も、素手で海底に突き立てるのだから。

だけど海苔漁師は、魚採りの漁師とはやっぱり雰囲気が違うように思えた。男臭い荒くれ者を思わせるワイルドな風体の人は見かけず、みんな、静かで穏やか。ちょっとシャイな感じもする。これは、海苔漁だからか、土地柄か。

そっと近づいてきて「『孤独のグルメ』、いつも見てます」とボソッと言って、すっと去っていく若い漁師もいた。会話にもならない。

とにかく、一時間半ほど、どうしていればよいかわからない時間が過ぎた。外様としての緊張に少し疲れてきて、肩が凝ってきた。

そして午前十一時になった頃、何の合図もなしに、船に数人の男が集まり、船体を支え

進水式というのにうつむき加減で船についていく人々

る木の柱が外された。

やっとなんか始まるぞ。

船は、エンジンのついた台車に載せられ、ゆっくりと海方面に動き始めた。

十一時に始まるって、決まってたなら誰か言ってよ。と苦笑いするしかない。

みんな、ぼちぼち、ゆるゆると立ち上がって、黙って、あるいは雑談しながら、ぞろぞろ船の周りを歩いていく。ボクも続いた。バルーンフェスの時と同じだ。

誰も「では、海に向かいます。ついてきてください」とか言ってくれない。自分で判断して、黙って皆に混じり、邪魔をしないように、歩いていくしかない。

大漁旗がひるがえり、船は晴れがましく発進した！

海岸手前の上り坂で、台車はレッカー車に紐で繋がれ、坂上に引っ張り上げられた。

すると今度は、大きなクレーン車が台車から船を釣り上げ、ゆっくり海に下ろした。

ボクは、てっきり斜めになったレールをスルスル海に着水させるのだと思っていた。

そしてどうも、進水、したらしい。しかし別に拍手歓声は上がらない。

どこが「進水式」のハイライトなんだ。今じゃないのか。まだ進水していないのか。今何をしているんだ。横尾船長はどこにいる。誰が仕切っているのだ。

全然わからない。進水式をお祝いにきた私はどうしていればよいのか。拍手したいぞ。

「いよいよ、船を下ろします！」

とか
「今、着水しましたー！」

とかお願いだからアナウンスしてほしい。拍手をしようにもそのタイミングがない。誰の歓声も聞こえないから、状況不明。

テープカットとか、くす玉割りとか、鼓笛隊によるファンファーレとか、船にシャンパンをぶつけるなんて儀式は何ひとつない。

佐賀の海苔漁の新漁船の進水式は、淡々と静かにゆっくり進んだ。

といえば聞こえはいいが、頭も尻尾もわからない、だらっとぼんやりした式である。でもみんな穏やかに嬉しそうだ。それはだんだんと伝わってきた。どうやら舟は無事進水できたらしい。そんな人々の表情に、ボクも遅ればせながら、少しずつしあわせな気持ちになっていった。お昼の太陽には影がなく、日差しがキツイ。

と、また合図もなしに、突然十数人の男が走って船に乗り込んでいった。この時は、男たち、素早く力強く動いた。着水した船の安全が確認されたのだろうか。

船上に、大きくてカラフルな大漁旗が、次々立っていく。一気に船は晴れがましい姿になった。「おーっ」と拍手したかったが、まだ誰もしない。みんな黙って見ている。そして、筑後川を試運転（?）が始まった。大漁旗が翻り、船の後ろに白いしぶきが上がる。船はグーンと加速して、みるみる小さくなった。

「今日は、軽く橋のところまで行って戻るだけですが」と一時間ほど前に横尾さんは言っていたが、しばらくして戻ってきた船は、Uターンしてまた行ってしまった。かなりスピードを出している。船が思ったより調子よく、船長が盛り上がって、ついもう一往復、となったのだろうか。

でも実際岸から見ていても、高速でも走行は滑らかで、最高に気持ちよさそうだ。

船が近くの船着場に戻って停泊すると、船の男たちが甲板から岸に向かって、餅を投げ始めた。この時も何の説明宣言アナウンスなし。いきなり。

すると、河原に餅を拾おうと、わらわらと人が集まった。男も女も子供もいる。みんな競い合って餅をキャッチしたり拾ったりして、この時は小学校の分校の運動会ぐらいには盛り上がっていた。「きゃっ」「やった」「アアッ」「ハハハ」とか聴こえる。

鏡割り。3回目に割るはずが、1回目に割れてしまい全員苦笑い

餅は紅白二個ずつビニール袋に入っている。船長の同級生が今朝ついた餅だと後で聞いた。

ようやく賑やかになったな、と思ったが、餅は一〇分足らずで無くなり、なんとなくおしまい。だがとくに拍手もなく、すーっと静かになった。

そこで初めて、新船舶の若き船長である横尾さんが進み出て、肉声で、

「本日はありがとうございました。夜、〇〇ホテルの方でよろしくお願いします」

という最短の挨拶をして、どうやら進水式は終わった。ここでは少し拍手もあった。

さて、夜はホテルの広い宴会場で宴会。

ステージの後ろには、巨大な大漁旗が飾られていて、いかにも進水式祝だ。

来賓の挨拶や鏡割りなどの後、ボクは短いトークをしてQUSDAMAで数曲演奏、最後に持参した小さなくす玉を割って、喝采をいただいた。

宴会場に女性はいなかった。昼間と同じで、女の神様が嫉妬するからだろう。そういう決まりなのだろう。いや、QUSDAMAのメンバーの女性二人だけが、来賓演奏者として許されていたようだ。他の女性たちは主に会場の外の受付係などをしていた。

宴会も淡々と進んだが、後半みんな酔いが回ってくるとステージでカラオケが始まって、真っ赤な顔した人が熱唱したりして、会場はようやく笑いと野次と拍手に包まれた。めでたしめでたしだ。横尾船長お疲れさまでした。お招きいただき感謝です。

しかし、この日「佐賀人の説明不足」のイメージはかなりハッキリとしてきた。そういえば、駅でも「次の列車が何番線発のどこ行き」というアナウンスが他県に比べて少ない。停車中の車内アナウンスも少ない。いつも不安になる。「そんなのわかってるよね?」「言われなくても察してよ」的な暗黙の了解求め感がいろんな時に感じられる。

佐賀県が全国的にあまり知られていないわけは、この県民性にあるのかもしれない。

第十一章　コロナ禍の佐賀旅日記

鳴石駅の夕刻。誰もいない。誰も来ない

1両車で松浦鉄道伊万里駅ホームに到着

二〇二〇年四月七日、東京都では第一回緊急事態宣言が発令され、飲食店の営業は夜八時まで、アルコールの提供は無し、となった。休業した店も多い。デパートも休み。学校も休み。公園のベンチには黄色いテープが貼られ、座ることができなくなった。

他県への移動も自粛が求められたため、当然、佐賀にも行けなかった。

五月二十五日、それが解除されたので、ボクは約半年ぶりに佐賀に行くことにした。まだコロナ禍の真っ只中ではあったので、ちょっと緊張感もあり、でも閉塞からの開放感もあり、二泊三日は妙に内容が濃く、楽しかった。

この本は、最初にも書いた通り、ボクの六年間の佐賀通いの、解体再構築だ。だけど、この項に限って、時系列でボクの旅の軌跡を思い出してみた。佐賀以外でも、いつもこんな旅をしています。

【六月十六日】

●博多から電車で唐津へ

今回は、唐津から入ろうと思ったので、福岡空港から佐賀に向かう。

福岡空港駅から地下鉄空港線に乗れば、そのまま筑肥線に乗り入れて、唐津まで乗り換えなしで行ける。だが、筑肥線は特急も急行もないので、一時間半近くの各駅停車の旅だ。高速バスもあるが、もっと時間がかかる。また、佐賀空港から唐津へは、バスと電車で二時間半ぐらいかかる。

でも、鈍行の旅、と決めてしまえば腹もすわる。のんびり列車旅を楽しもう。

列車は最初内陸を走っているが、やがて海岸に出て、そのうち砂浜が見える。浜崎海岸だ。ここから佐賀県。この入り方も好きだ。

浜崎の駅を過ぎると、右手は松林になる。「虹の松原」だ。

一年前の五月初旬、虹の松原の松林の中を、唐津から浜崎まで歩いた。

松林に入った時、まだ午前中の早い時間だったが、何か、ジャージャーと蟬のような鳴き声がする。林に分け入るほどにそれは大きくなった。ものすごい音量、範囲だ。五月からこんなに蟬が鳴くはずがない。でも蟬っぽい。

前から歩いてきた散歩中らしい男性に、上を指差して、これは何の鳴き声ですか、と聞

ハルゼミは松をニジリのぼって鳴く
ちょっとキモイ・・・

いたら、

「ああ、蟬です」

と、つまらなさそうに答えた。「へっ！」と驚くと「ハルゼミです」と教えてくれた。初めて聞く蟬だ。

あらためて松の梢の上の方に目を凝らしてみた。こんなに鳴き声がするのに姿が……。いた。小さな黒い蟬が、木の幹をニジニジと歩いている。あれか。蟬は、その足を止めると「ジーーー」と鳴き始めた。見え始めると、あそこにもそこにも、黒い小さな蟬。

黒い蟬は、みんな幹をにじり歩いて上っては、止まって鳴きだす。あまり蟬が歩くのを見たことがない。蟬らしくない。変な蟬。ちょっと気持ち悪い。

それにしてもすごい数。何万、何十万匹だろう。いや、もっとか。

そんなことを思い出していると、虹ノ松原駅に停車。小さなかわいい無人駅だ。

松原を越えると、また海が見え、そう遠くない沖に、帽子のような島が見えた。上が平らなハット帽。印象的な形。

今これを書きながら調べたら、唐津湾の中にある「高島」だ。

この島には「宝当神社」というのがあり、ここにお参りすると宝くじが当たる、と言われブームになって、島が大賑わいしたことがあるそうだ。住民もいて、海鮮料理店も一、二軒ある。唐津から連絡船が出ている。いつか行こう。

唐津には午後一時頃着いた。昼ごはんを食べよう。

コロナで休業している店も多いだろうから、前夜に店を検索しておいた。

しかし、歩き始めて驚いた。唐津の駅前アーケードには緊急事態宣言下と変わらずひと気がない。シャッターがずっと閉まっている。でも地方の駅前のさびれたシャッター通りと違うのは、アーケード内が明るく、新しいところだ。開いている店もポツリポツリとはある。でも客はいない。

同じコロナ下でも、東京とはやはり全然違う。そんな街をぶらつく。

●オムライスを食べて「いろは島温泉」へ

調べておいた店は、繁華街から少し離れた「みやこ食堂」。ちゃんと営業していた。オムライスを食べた。普通においしかった。何か、ほっとした。街にはひと気がなくて、非日常だけど、オムライスは日常の味がした。それがとてもありがたかった。

店を出て、計画していたいろは島を目指す。

ところが、乗ろうと思っていた「国民宿舎いろは島」への送迎バスが、運行停止中。これはコロナの影響ではなく、改装中で宿泊できないため（日帰り温泉は営業中）らしい。それで、唐津駅前からタクシーで向かうことにした。二十分くらいで、運賃は六千円弱。コロナ禍で旅も外食もしてないから、そのくらいの贅沢はいいだろう。

いろは島温泉のことは、温泉の章ですでに書いた。

●松浦鉄道で伊万里に向かう

さて、いろは島温泉で昼風呂に入ってゆっくりした後、タクシーを呼び、唐津には戻らずに松浦鉄道で一番近い鳴石駅へ向かってもらう。運転手さんは、

「……何もない駅ですよ」

とポツリ言ってたが、着いてみると本当に小さな小さな無人駅で、駅前には店一軒無い。

ホームの壁には小学生の描いた大きな絵があり

「なるいし駅へようこそ」

と書いてあるが、歓迎してくれてるのはこの絵だけだ。

しかたなく、狭いホームで、二十分ほど列車を待つ。

何もすることがないまま、日がだんだん暮れていく。あたりの家に明かりがつく。

ここに住み、学校に通い、会社に行き、買い物に出て、部活をしたり恋愛したり介護をする人々の毎日を想ってみる。その人たちが、そろそろ列車に乗って帰ってくる。

こんな時間も、また旅の旅らしい時間だ。

することがない、という時間にこそ、旅の味わいはある。

ＡＩは、こんなホームにいる無為の時間を楽しめないだろう。

ＡＩは、鳴石駅の近くの飲食店やコンビニやお土産、人々が鳴石駅に関して何を語っているかを、すぐさま教えてくれる。もしかしたら「鳴石駅の魅力」を教えてくれるかもしれない。でもそこまでだ。

旅の本質は、情報でも目的でもお土産でもなく、移動過程の面白みだ。

それは、言葉にならない、写真に映らない、つまりデータとして他人と共有したり、記録に残したりできないことの方が多い。

でもその「味わい」は、きっとその人のタマシイを豊かにする。

やがてやって来たのは、ワンマン一両車。降りた人、三名。乗る人、ボクひとり。

空いた座席に着き、コトコト伊万里へ向かう。佐賀の電車旅にも、ずいぶん慣れてきた。

列車の揺れに身をまかせて、時間のことなど忘れて、鉄道旅を楽しむ。

伊万里では、駅前のビジネスホテルを取ってある。

いろは島でたっぷり温泉に浸かっているので、チェックイン後、荷物を置いてすぐ、駅前商店街に出た。とにかく本日の宿泊地到着なので、お疲れ様の一杯をやりたい。いつものことだが、どの店に入ろうか、散々歩き回って迷いに迷い、結局駅前に戻って、居酒屋「佐州屋」に入る。

ここが大当たり。有田鶏の焼き鳥が全種、何を食べても旨い。トマトの豚肉巻にチーズをのせ、塩胡椒とオリーブオイルを垂らした串も最高だった。カウンターの外に立っているお母さんが、言葉少なに語りかけてくれ、和む。厨房にいる息子さんらしい板さんの料理は、どれもこれも仕事が丁寧で、目にも口にもおいしい。

隣のカップルの男が彼女に

「エクレアは上下逆にして食べた方がいいんだよ。なぜなら……」

と大声で一席ぶっていておかしい。

でもその食べ方、実はこの店で教わったのだというオチだった。思わず声を立てず笑ってしまったら、それを見ていたお母さんが、グレープフルーツひと切れと、ミニシュークリームを出してくれた。そして、

「グレープフルーツを先に食べるとおいしいです」

と言った。結局、ボクもこの店で食べ方を教わってしまった。誰かに教えたい。

それを食べて宿に帰り、早めに寝た。

〔六月十七日〕

●大川内山を歩き、聞き、想い、絵付け

ボクの絵付けは、何度も書いているように肥前吉田焼だが、佐賀には同じ四百年の歴史を持つ有田焼・伊万里焼がある。

伊万里の窯元にはまだ行ったことがないので、散歩しにいくことにした。

伊万里焼と有田焼は、焼き物の質的には、大まかにいえばほとんど同じだ。伊万里が港だったので、そこから輸出された焼物は、有田焼も伊万里焼も、みんなイマリと呼ばれた。だから海外ではイマリという名前の方が広く知られることになった。

という話は有田で何度も聞いた。だから、それほど伊万里に期待するものはなかった。

ただ「大川内山《おおかわちやま》」という場所が、昔の町並みを残していて風情ある、と観光パンフなどに写真入りでよく紹介されている。そこだけ歩いて写真を撮ってこよう。

伊万里駅からはタクシーで向かったのだが、運転手さんが、ベタベタの佐賀弁で面白かった。コロナの話になった時、

「東京のほうじゃ、いくらやめろ言うても、キャラクバなんかに行く人がおるでしょう」

だからそこで感染拡大が進むんだと、強く主張するのだが、何度も何度も、

「キャラクバ」

と言うので、おかしくておかしくてたまらなかった。「キャバクラ」でしょう、とはとても言えない。

そんな押し殺したボクの笑いをよそに、タクシーは街を抜け、坂道を登って、どんどん山に分け入っていく。大川内山というのはそういう場所なのか。全然わかってなかった。

到着して、運転手さんは、

「まだここから坂が続きますから、器やなんかはいいの見つけても、帰りに買いなさい。持って登るのは大変だから」

ということを佐賀弁で注意してくれた。キャラクバさん、親切。

言われた通り、そこからずっと登り坂だった。その両側に窯元が軒を連ね、ところどこ

ろ四角柱のレンガ煙突が立ち、確かに風情ある窯業の集落だ。

だがその背後は、切り立った崖を持つ高い山々で囲まれている。大川内山とは山間の袋小路のような場所だった。

そしてだんだんわかったが、ここは、もともと鍋島藩の御用窯として、将軍や全国の大名向けの献上陶器を作っていた場所だった。つまり作るのは超高級品ばかり。

そのために、特別な技術を持った職人がここに集められ、その技術を外に漏らさないために、出入口には関所まで作られていた。厳格な技術漏洩防止と、品質管理のためだ。

この集落を歩いていると、風情に何か重みを感じてきた。「観光地」と軽く括ることが憚られる気がしてきた。伊万里焼の歴史と伝統が感じられる空気の中に、住民たちの昔から変わらず続く生活の匂いが感じられるのだ。

石垣、そこに生えた苔、苔と混じる草花、垣根の下に置かれた如雨露《ジョウロ》。水路。人ひとりやっと通れる路地や曲がりくねった小さな階段。古い竈《かまど》。瓦。大きな甕《かめ》。割れた陶器を利用したタイル。使われなくなった煙突。

それらは、江戸時代の大川内山の生活と、ずーっと繋がっている。

ここは、本当に長いこと、外界と隔離されていた、職人集落なのだと実感した。家々の間の道には、そういう声をひそめた生活の沈黙があった。

そこを歩くのは、とても心地いい散歩でもあったけど、人様の庭の中を横切るような、気を遣うところもあった。

でも、メインの坂道にはたくさんの陶器店があり、さまざまな器が売られている。

もちろん現代的なデザインのものもたくさんあった。しかし、イラストチックな猫や熊やアマビエのカップにも「ファンシー」のひと言では片付けられない、品格と確かな技術が感じられるものが多かった。昨日今日の真似っ子陶器は足元にも及ばない。

いろんな店に入ったが、それぞれに個性があり、皿も、茶碗も、酒器も花瓶も、とても美しい。小さな器にも大きな皿にも、ハッとする魅力がある。

しかも、それらを美術品を見る目でなく、買って帰って毎日の生活に使える器として見ることができる。というか、そういう風にしか見てない。

そこが展覧会より、ぐぐっと楽しい。自分で使う、と思うと目付きが変わる。

坂が多く、石の階段はとても古い

大川内山が険しい山々に囲まれているのがわかる

欲しくなったカレー皿があった。豆皿があった。ぐい呑みがあった。しかも手が届く値段。これは迷う。楽しい迷いだ。

年に一度の陶器市（この年は中止）に、全国から毎年来るリピーターがいるのがわかる。絵付けを、ほんの少しかじっている身としては、気が遠くなるほどの繊細な筆使いと色の輝きに「うーん」と唸るばかりだ。

店のおばちゃんが、

「ここの（店の）人はみんな腕がいいの。あ、こっちは印刷ね」

と気さくに正直に説明してくれる。だけど、観光地の土産屋のおばちゃんとは、なにか全然違う。「ここの人」というのは、もちろん職人さんたちだ。高度な技術を間近で見ながら育った人の、器を見る目と、話しぶりだ。説明にいちいち説得力がある。

ある工房では、この集落の奥の山がいかに険しいかを話してくれた。でも険しいゆえに、そこを登りたいというクライマーも、日本中からやってくる。いや、海外からも。そうなると遭難する人も出る。

ある時、登りに行った外国人が一人行方不明になったというので、捜索隊が出た。話してくれた人も、協力して山に入ったそうだ。大変な捜索ののち、やっと遭難者が見つかった。なんと崖から落ちて、木に引っかかって宙ぶらりんになっていたそうだ。遭難者は無事救助され、下山した。

「そしたら、礼を言うより先に、山の下にいた日本人のカノジョと抱き合って、チュッチュしてんだ。いやんなっちゃったよ」

と笑っていた。つられて笑ってしまったが、それだけ、深く険しい山の壁に囲まれた土地なのだ。言い方は悪いが「塀の中」である。

焼き物の秘密、絵付けの秘密は守られる。だが逆に言えば、技術を習得した者はここの生活に嫌気がさしても、逃げ出すことはできない。

長いこと、ここに生まれた者たちは、学校もこの中で通い、ここで育ち、親から直に技術を得て、高価な焼き物を作り続けた。ここに幽閉されるようにして、生涯ここで技術を磨いたのだ。その空気が、解放された今もこの地には微かに感じられた。

軽く回ってすぐ帰る予定が、いろんな店に入って、若い職人さんと立ち話して、公園も回って、足が棒になって、入口に戻った。

そこでついうっかり伊万里焼の絵付け体験までしてしまい、皿を三枚ほど描いた。柳の絵を描いたが、ここに来なかったら描かなかった絵だ。やはり旅することは、新たな発想と創造を授けてくれる。上手い下手、いい悪いは関係なく。

結局、三十分のつもりが、飯も食わずに、四時間半も大川内山にいた。

いやー、特別な場所だった。鍋島藩、おそるべしだ。面白かった。来てよかった。

●伊万里駅の餃子と焼きそば

さて、腹を空かして、伊万里駅に戻った。

予想外に、夕方になってしまった。が、夜からの店はまだ開いてない。どうしよう。

と思ったら、駅の一階に「ひまわり」という店があった。ひまわり、か。

駅舎もわりと新しいので、この店もこぎれい。だが、ガラスのドアが、ちょっとそっけない。暖簾もない。カレーとうどんののぼりは既製品。うーん。

ガラス越しに覗くと、立ち食いではない、椅子ありでカウンターだけの店。

そして俺の嫌いな「一生懸命営業中」の既製品木札。ガラスに「うどん　カレー　カツ

初の伊万里焼絵付け。焼く前。「柳の皿」

丼　餃子　おにぎり……他」とある。テンテンテン他、かいな。

見る限り、俺の食欲をそそる要素、ゼロ。麺が冷凍のうどん。業務用のカレー。なのではないか。十分に考えられる。駅だし。どうする。店名ひまわりだぜ。スルーするか。だが駅前を歩き回って探す時間はない。腹は空きすぎている。

もういい、ダメ元で勝負だ。

店に入ると「いらっしゃいませ！」と妙齢の小柄な女性店員が、カウンターの下からぴょこんと笑顔で現れた。彼女が一人で切り盛りしているようだ。

カウンターには駅の構内側から入れる席も

ある。でも客は誰もいなかった。

Ａ４カードケースに入った、これまたそっけないメニューを見ると、手書きで「素うどん　四〇〇円」と書いてあることに始まり、品数が意外に多い。

焼きめし、カツ丼、ヒレカツカレー、唐揚げ定食。なになに、いろいろあるな。

なんとカキフライ定食（十一月～二月）おでん（十月～三月）という季節メニューまである。

缶ビールがあり、瓶ビールもある。シブイことするね。

およよ、「手作り焼きギョウザ　五ケ　三五〇円」。手作りとな。そういう店なの？

思わず見上げると、カウンターの中の店員さんが、まさにギョウザの皮で肉を包んでいる。なんだ、見かけによらないんでないの、ひまわりさん。

「焼きそば　五五〇円」ですか。目の色変わってますきっと、今俺ひまわりに対して。

「すいません、瓶ビールとギョウザと焼きそば、ください」

思わず言ってしまいました。またビールか。また焼きそばか。

明るくて、清潔で、いい店じゃないか。俺の中で、ひまわり好感度急上昇。まったく酒飲みは現金だ。

すぐ出てきた瓶ビールが、いい感じに冷えていて、うまい。喉、乾いてた。

ギョウザが出てきた。ひと目見て、これは悪くないぞ、と期待急膨張。くっついたのを箸で外して、一個の半分を頬張る。

熱い。うーん、うんうん、ちゃんとおいしい。これは手作り。うわぁ、いいじゃないの、ひまわり!

そして、こちらに時間が無いのをわかっているかのように、ほどなく焼きそば到着。

ソース焼きそば。麺やや太め。キャベツ人参玉ねぎもやしと、野菜たっぷり。豚肉細切りと薄切りかまぼこが入っているところはちゃんぽんの流れだ。

見た目、実に家庭料理っぽい。食べると、見た目を裏切らない手作り感。上に鰹節と青のりがパラパラっと振ってあるのが嬉しい。一食でありつつ、ビールの肴にもなる。

ここ、いい。お姉さん、仕事堅実。ボクが食べている間も、なにやらテキパキと下ごしらえをしている。絶対他のものもおいしいだろう。

そうか、今なら冷やし中華もあるのか。その手もあった。ここの冷や中、食べてみたい。

いや、その前にここのカレーがどんなタイプか、確かめたい。

いや、基本の、メニュー冒頭の「素うどん」も食べないとならないな。

地方には、駅の立ち食いそばにおいしいところがあるが、そういう店はやはりどこかしらウマソウな雰囲気が表に出ているものだ。

だがここはそうではない。外見そっけない。ウマソウ要素、限りなくゼロ。

でもうまかった。手作り。しかも電車の時間ギリギリまで飲み食いできる。

ひまわり、お見それしました。店は見かけによらぬ。まだまだ修行が足りない。

●七年ぶり、有田思い出の食堂を訪ね、武雄へ

伊万里から、再び松浦鉄道に乗って、有田に向かった。

有田は二〇一三年に一度歩いたことがある。というのは温泉の項ですでに書いた。

その時は上有田駅から、有田駅まで歩いた。

途中、有田の陶器街を歩いてる。重要伝統的建造物群保存地区にされているだけあって、そこも歩くに面白かった。まだ陶器になじみがなく、店には入らなかったが。

今その時の文章を読み返したら、そこは「有田内山地区」と呼ばれている。あ、「大川内山」と同じ内山じゃないか。内山、というのは陶器集落に付けられる名称か。

とにかく、最初の時、有田駅の駅前に「池田屋食堂」という、まさに俺好みの、シブイ食堂を見つけて、そこで「ごどうふ」なるものを初めて食べた。ニガリを使わないで作られた豆腐。葛や澱粉を使って豆乳を固める。

七年ぶりに、その店も見たくなり、ゴドウフの味を思い出したくなった。

それで有田で、降りた。あった、まだあった池田食堂！

あれ……暖簾出てない。まさか。

近づいたら、コロナで休業中。ショック。まあ、そうかもしれん。残念。

この食堂にはおでんもあった。ゴドウフとおでんで佐賀の地酒、という小さな夢もやぶれ、もう有田になんの未練もなくなって、次の列車で武雄温泉駅に向かった。

武雄は、七年前に佐賀県で初めて泊まった場所。

今回は個人旅行なので、駅に隣接したビジネスホテルに泊まった。でもここもよかった。

大浴場はもちろん温泉だったし、部屋からは、建設中の新幹線の線路や駅が見えた。

ゆっくり温泉に浸かり、部屋で休んで、武雄の飲食店街に行った。

いつものように迷いに迷って、三十分ほどぐるぐる歩き回って、ようやく小ぎれいな居酒屋に入った。コロナで休みの店も多かったけど、でもやってる店も少なくなかった。

この時、なんていう店に行ったのか、覚えていないけど、いい店だった。

じゅん菜、サザエと鯛の刺身、小松菜と小さな焼き魚、揚げ出し豆腐を食べたらしい。その写真が残っている。その器がみんな趣味がよく上品なのが、さすがだ。最後に、ほうじ茶を出してくれたらしい。小さな白い豆菓子が付いている写真が残っている。後半酔っ払ってて全然覚えてないが。

なんだ、洒落た店行ってるじゃねえか俺。コロナで家と仕事場に籠っていて、久々の仕事以外の旅だったので、気が大きくなってたのかもしれない。

でも今度武雄に行ったら、この店、探してみよう。
＊その後、吉田焼の辻さんや鹿島の酒蔵の人たちと再訪できた。『あん梅』という店だった。やはり何を食べてもおいしく、器もやっぱりイイのばかりだった。

〔六月十八日〕

●大楠を見に行く

佐賀県の県木は楠《くす》。その国内有数の巨木の三本が佐賀にあり、それも武雄に集中している。それを、東京で別の巨木のことを調べていて知った。今回の旅の三日目は、これを見に行こうと決めていた。

まず、武雄神社にある「武雄の大楠」を見に行った。

神社の裏手の細い道を山に中に分け入っていくと、突然目の前が開け、それは正面にドーンとそびえ立っていた。待ち構えていた、という雰囲気でもある。

デカイ。高い。のけぞる。広角レンズを使っても、とてもその全体像を入れ込むことはできない。

三枚ぐらい写真を撮って、カメラはあきらめた。こういうケタ外れのものは、機材を置き、丸腰になって五感で受け止め、体感するのが一番だ。

リピーターらしい若い女性観光客たちの一人が、木に向かって両手をかざし、

「ジリジリくる」

武雄神社にある武雄の大楠

と言っていた。ほんとかよ、と思って、真似しなかったが、いやしかしその気持はわかる。何らかの波動を感じる人もいるだろう。とにかく尋常じゃない生命体が、目の前にじっと生きているのだから。

ある生物学者が「縄文杉くらいになると、我々の生命感覚では『不死』といってもいい」と書いていた。この楠を見ているとそう思う。

推定樹齢、三千年だという。巨木の樹齢はどれも諸説あり、正確にはわからない。

ともかく、この木が種から芽を出したのは、おそらく縄文時代。卑弥呼の生まれるずっと前だ。ツタンカーメンもまだだ。

八十年かそこらで死ぬ人間からしたら、三千年生きているこの木は、まさに不死だ。

そのゴツい根の部分を見た瞬間、思い浮かんだ言葉は「怪獣の足」。幼稚だけど、しかたない。空想の世界にしかいない巨大生物。

太さ、形、質感。どれもボクの知る「巨木」を超えている。

根元には大きなホラがあり、中に石の社が祀ってある。そうしたかった古人の気持ちもわかるが、この巨木に対してはなんとも、小さい。せこい、とも言える。これを造った人は、もうとうに骨の粉だ。石の社も、この木よりずっと早く砂に帰るだろう。

見上げる枝の先の葉は青々と茂り、瑞々しい。自分なんて、六十何年で、もはや肌から腹から、どこをとってもじじいだが、この楠の葉は、青々として本当に若い。ピチピチだ。

光を浴び、光合成をして、種子を生み、新しい芽を息吹かせる。

しばらく、巨木のみにしか感じられない生命力を浴びていた。

次に行ったのは「塚崎《つかざき》の大楠」。

同じ武雄温泉駅の近くの文化会館の裏にひっそりと立っている。

もはやどうなっているかがわからない「塚崎の大楠」。中に入れます

武雄の三本の中では、観光物件的には一番地味だ。

樹齢も推定千五百年とある。それでも十分に不死だ。八十年の人生の、約十九生ぶん。

だがボクはこの木が、結果的には一番よかった。この木のみ柵もなく、木に直接触れられる。そればかりか、幹にぽっかりと空いたウロの中にも入ることができる。

奇怪といってもいい姿。どこが幹でどこが根で枝で、ということを超越している。

その姿に静かに圧倒され、自然にその中に引き込まれた。呑み込まれた。包まれた。この楠の木からしたら、人間もそこにたかったアブとまったく変わらない存在だろう。

音や声を吸い込む、圧倒的な沈黙の「気」が、薄暗い樹の中の空間を支配している。この日はあいにくの小雨だったのだが、その雨すら、この木の一部と化しているようだ。気象、天候、星々の運行も、この木の生命と繋がっているような気がした。

樹皮に生えた別の生命体である、苔や草も美しい。

木の中から出てもう一度見る、足のような、腕のような、頭のような、背中のような、岩のような、波のような、山のような、雲のような、命のカタチ。

動いてないのに、これは踊りだ。千五百年の舞踏だ。

観光客は誰もいなかった。来なかった。木がいて、ボクがいて、雨が静かに降っていた。

いつまでもそこにいたかった。

なのに、蚊に刺されたので、痒くて、次に刺されるのが嫌で退散した自分は、ちいせぇ。

最後に、一番メジャーな「川古《かわご》の大楠」にタクシーで向かう。

これは立地が良くて（「立地」なんていう時点で生きてる木に対して失礼）、単体でそびえ、まわりに森がないので全方位から見ることができ、後ろに下がることができるので、

「川古の大楠」日本大樹ランキングでも4位

木の全体像を一番写真に撮りやすい（なんて、帰ってきてみたら、ボクはほとんど写真を撮っていなかった）。

この木が佐賀で一番大きく、「日本大樹ランキング」でも四位になっている。

だがランキングなんてものは、このくらいの樹木にはクダラナイ話だ。

データだの数値だの、そんな人間の物差しは千年以上続いている生命に対して、なんの意味もない。

ここまで時間的にも空間的にも巨大な命は、それだけでメッセージだと思う。もちろん、人間に対してではなく、宇宙に対するメッセージ。昔の人が「神」と崇めるのも無理はない。人知を超越した存在だ。

ここはやはり観光客が多く、観光物件的な説明書きや、お土産屋があったりして、巨木と一対一で対峙できない感じがあって少し残念。

東京に戻ってから、川古の大楠では少し気が散っていたと思い、反省と後悔の念が浮上した。前の二本に圧倒され、精神的にも肉体的にも疲れていたのかもしれない。

腹が減ったので、武雄の「来久軒」に行く。店名、久住が来る軒。玉子入りラーメン。

あ、その話はラーメンの項で書きましたね。

伊万里「佐州屋」で食べた、トマト豚巻

「来久軒」の玉子入りラーメン

大川内山のベンチで、すり寄ってきた猫

最終章　コロナと絵付け

辻さんとのコラボレーションで作ったオリジナル酒器

肥前吉田焼きの名前は知らなくてもこの柄に
見覚えのある人は多いはず

佐賀通いのきっかけは、最初に書いた通り、肥前吉田焼の器に絵付けをしたことだ。以来、現在も絵付けはずっとしている。最後にそのことを書いて、この本を終わりたい。

●箸置き

箸置きのことは、この本の最初の章で詳しく書いた。

もちろん今も作っている。イベント用のスペシャル箸置きや、ぬきうちで作る「プレミアム箸置き」も。時々「そろそろネタが尽きませんか」と言う人がいるが、馬鹿を言うな、絵を描くのにその題材が尽きるなどということはない。

もしボクが同じようなものを同じようにしか描けなくなったら、それはボクが世界を見ることをなまけてるだけだ。

我々は森羅万象に包まれて生きている。天と地の間には万物があり、人はその一生で、そのほんの微か、砂漠の砂のひと握りのものしか見ることができない。

描く題材は、描く人が見ようとすれば、無限にある。すぐ目の前にも。

●酒器（ぐい呑み）

吉祥寺の行きつけの焼き鳥屋「てら」の主人に、店で使う日本酒用ぐい呑みを作ってくれませんか、と言われた。

ボクは、さっそくその簡単な図面を描き、嬉野の辻さんに送り、形から作り始めた。

てらさんは、七勺の酒が入る大きさを希望した。正一合では、ちょっと持て余すので、その七〇%ぐらいが飲みやすく、お代わりにも繋がるという。なるほど、わかる。

いろいろ考えて、蕎麦猪口の形の、ひと回り小さいものにした。大きさと形と薄さが思ったようにできず、形だけで三回作り直した。収納を考えると、重ねられるのがいい。

そして、器の下半分には吉田焼きのトレードマークである、紺地に白の水玉模様を入れた。どうしても入れたかったのだ。

吉田焼と言っても、佐賀以外では知らない人がほとんどだ。

だが、昔から全国の公民館や職員室や食堂にある、この模様の湯呑み茶碗や急須を見たことがある人は多いだろう。

有田焼、伊万里焼は、名前は聞いたことがあるけれど具体的にどういうものか、すぐに答えられない人が多いと思う。

吉田焼は、その逆だ。

「どこの誰かは知らないけれど、誰もがみんな知っている」

というのは大昔のヒーローの謳い文句だが、まさに吉田焼はそれだ。

吉田焼の水玉は、白い丸が、ほんのわずかに凹んでいる。これが指に引っかかるところが、吉田焼の大ヒットの原因のひとつだろう。

ボクはこの凹み白丸の作り方を聞いて、驚いた。これは紺色に色つけされた素焼きの器の表面を、回転する球形のヤスリに押し付けることによって生まれる。これは職人がひとつずつ、器を回しながら作る。つまり、厳密に言えば一個一個違う、手作りだった。

ボクは、感動した。こういういわば大衆食器は、形から色つけまで全自動の機械作りだと思っていた。

それが実は大勢の職人さんによる、手作りの大量生産だった。

この、一見単純単調簡単に見えるドット模様が手作りというのは、現代人の感覚からすると、驚異だった。

その感動が忘れられず、いつか吉田焼で器を作る時は、絶対にこの模様を入れようと思っていた。その機会が、てらさんの注文で、早くもやってきたのだ。

そして、最終的にぐい呑みができて、辻さんに話を聞いたら、さらなる職人魂に、また も驚かされた。

ボクがデザインした水玉模様は、吉田焼の茶碗のオーソドックスなタイプより、白丸の直径が小さかった。

それで、職人さんは、ボクの器専用の球形ヤスリを、わざわざこの器のためだけに作ったという。いやはや、またもや感動。「職人は道具から作る」というのを目の当たりにした。

イラストは、酒器の表と裏で、二コマ漫画になっている。これはボクがサインペンで描いたものを転写シートにうつして、職人さんが焼き付けたものだ。全部で六種類ある。

佐賀から届いた酒器は、すぐ「てら」に持っていって、とても喜ばれた。

ボクは、コロナで多くの店が早仕舞いの間、毎晩これで家飲みして、今に至る。冷酒にすこぶる具合がいい。もちろん湯呑み・蕎麦猪口としても（ふらっとＳＨＯＰで販売中）。

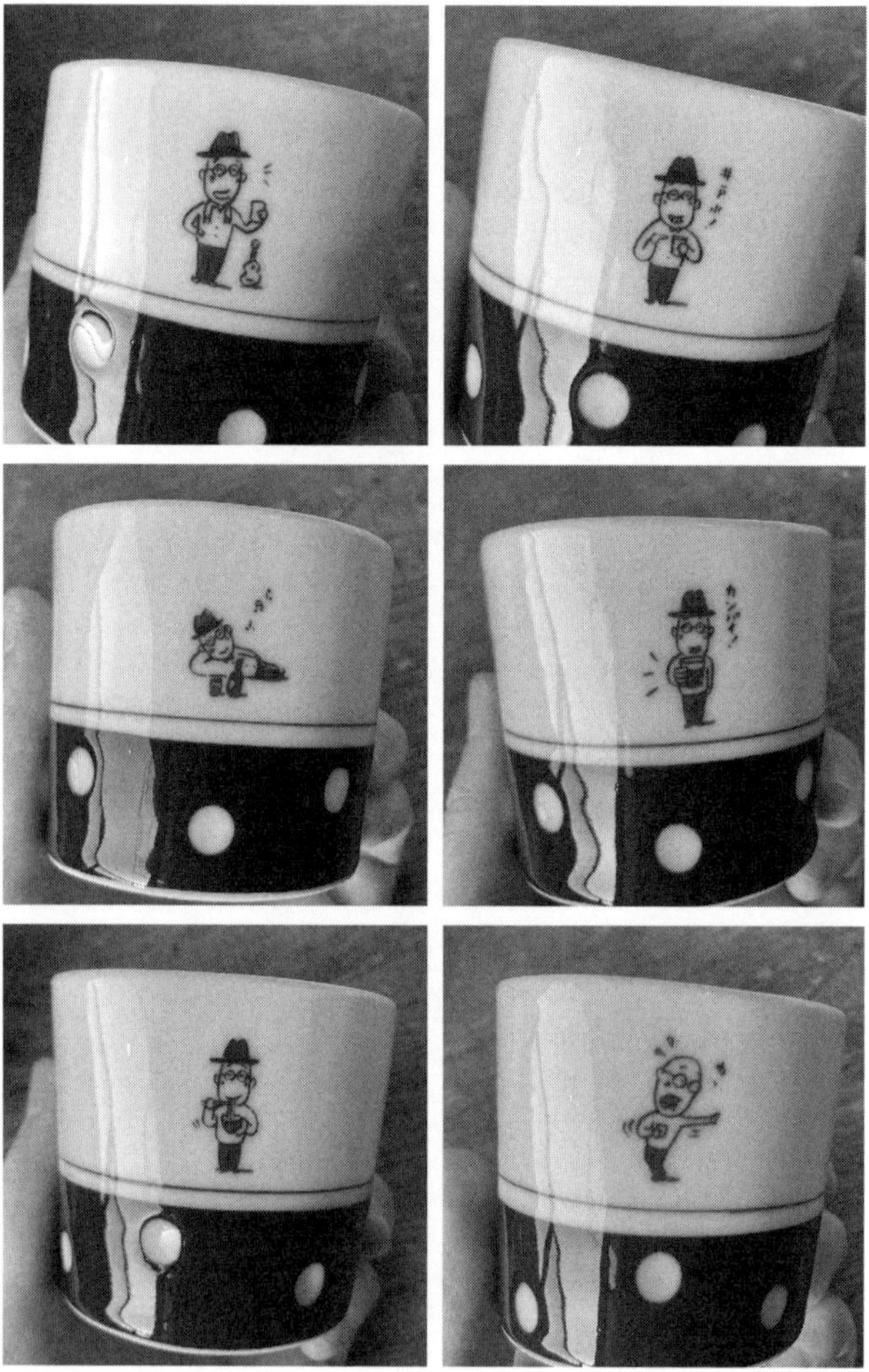

●豆皿

二〇二一年三月、東京の神田明神で「大えびす展」という展覧会があり、ボクはそのチラシのイラストを頼まれた。神田明神には恵比寿様が祀られているのだ。

ここでまた偶然佐賀に繋がるんだが、佐賀駅周辺には恵比寿像が日本一集まっている。二〇一五年の時点でその数なんと八百二十八体！

ちょっと歩いただけで、新旧、大小、たくさんの恵比寿様に出会う。

なんでそうなったかは、諸説あって、結局正しい理由はわからない。そこも佐賀らしい。

これも何かの縁だろう、ボクは恵比寿イラストを描かせてもらうことにした。

すぐ思い浮かんだのが、佐賀駅の近くで見つけて写真に撮った「三味線恵比寿」。恵比寿様と言えば釣竿と鯛を持っているが、この恵比寿様は三味線を弾いている。

ボクはこの三味線をウクレレに変え「ウクレレ恵比寿」を描いた。満面笑顔の恵比寿様には、ウクレレが似合うと思ったのだ。

ポスターになった後、そのイラストを豆皿にすることを思いついた。で、できた。

豆皿には、十枚に一枚、ウクレレの代わりに鯛を抱えている恵比寿様がいる。もちろんこのアイデアは、エビスビールのラベルからいただいた（何十本かに一本、鯛を二匹抱えた恵比寿のラベルがある）。ちなみにエビスビールは、神田明神の大えびす展の協賛会社でもあった。

この豆皿は、手描きでなくボクが紙に描いたイラストの転写だ。

ところが！

試作品が数枚届いたら、中間色の薄い紺色にムラがある。ボクは濃い色と薄い色を、レイヤーで分けたデータを辻さんに送っていたのだ。データの薄色にはムラはない。そしたら、辻さんによると、薄い部分は職人さんの手塗りなのだという！

「その方がいいでしょ？」

と辻さんは笑って言った。うーん、さすが。もちろんです！　薄い色のデータを外し、ボクのイラストの線のみを転写し、さらにそこに、細筆で一枚一枚薄い色を塗って、焼いたのだ。これで、プリント柄の皿が全て、一点ものの皿になった。

本当に、吉田焼の職人魂には頭が下がるようだ。

設計図にはない面倒臭い工程を作っても、

「その方が、いいでしょう？」

の一言で、やってしまう辻さんの一言もかっこよかった。いつか言ってみたい。

「なんで、わざわざ日本で一番地味とも言われる佐賀県に行くんですか」

「その方が、いいでしょう？」

「ウクレレ恵比寿豆皿」中間色は職人による手彩色

その方が面白い。その方が新しい。その方がワクワクする。だから続いているんだと思う。

このありがたい豆皿、毎日ありがたく使わせてもらっている。

この佐賀漫遊記が、恵比寿様で締めくくられるなんて、なんとおめでたいではないか。

あとがきあるいは謝意

本書では、佐賀をしばしば「説明不足で不親切」とか書いてしまって、佐賀県民の皆さん、申し訳ない。「漫遊」なんで、大目に見てください。いつも感謝してます。

そして、この本には書き損ねてる佐賀の素敵も、たくさんあります。

白石町の水田の広大な青さと、金色に輝く麦畑の美しさ。

干潟でぴょんぴょん跳ねてたトビハゼのかわいらしさ。

干潟に群生する真っ赤なシチメンソウ（七面鳥ではなく植物）の妖しさ。

干潟よか公園で見た生きてるワラスボが、意外に普通の魚っぽかったこと。

嬉野の山に縞模様を描く茶畑と、緑茶のおいしさ。そこからできる和紅茶の甘み。

佐賀の人たちには本当にお世話になったので、お礼を述べたいです。

まず、恩人であり先生でもある肥前吉田焼224porcelain の辻諭さん、いつも本当にありがとうございます。これからも一緒に面白い器を作りましょう。

きっかけのマグカップを作ってくれた、有田焼アサヒ陶研の松尾俊三さん。

そして、嬉野では度々お世話になる、老舗旅館・大正屋の山口剛さん。

何度もライヴをさせてくれた、一粒茶屋すいしゃの園田浩之さん。

取材させてくれ、進水式にも呼んでもらったのに「頭だか尻尾だかわからない」なんて書いてごめんなさい、ボクのBS番組にも出演してくれた海苔漁の横尾雅也さん。

玉ねぎ農家の木室哲郎さん、レンコンの白武純一さん、アスパラガスの山崎利幸さん、「いちごさん」

の森園文男さん。中山牧場の中山敬子さん。

閉店した、よらん海のご主人・藤井一文さんをはじめとして、本書に書かせてもらった、あるいは書けなかった佐賀の飲食店経営の皆さん。

腰の低い忍者、いや失礼、元祖忍者村肥前夢街道の河野進也さん。

なんだかんだ三回もお会いして談笑、有明海苔まで送ってくださった山口祥義佐賀県知事。

皆さん本当にありがとうございます。まだ佐賀通いは続きますのでどうぞよろしく。

そして東京の人たちにもお礼したい。

最初の頃、佐賀でレンタカーを運転をしていろいろなところに案内してくれ、窯元や農家や漁師に繋いでくれた、産地ダイレクトの横山浩一さん。

QUSDAMAのメンバーとして一緒に佐賀で演奏したり、面白そうな店情報を送ってくれたサックスの宇賀まりさん。同じくメンバーで、餃子やうどんやお酒にもとことん付き合ってくれたピアノの醍醐弘美さん。どうもありがとう。

そしていつもナイスなデザインをしてくれる西野直樹さん、今回も3Q。

最後に、まえがきで「六年間の佐賀通い」と書きながら、このあとがきを書いてるのは七年目。加筆修正に、予定を大幅に超えて時間かかってしまったことを、担当編集者の佐々木勇志さんにお詫びし、じっと待って編集出版してくれたことに大感謝。

皆さん、また佐賀でお会いしましょう。

久住昌之

久住昌之　くすみ・まさゆき

1958（昭和33）年、東京三鷹市生まれ。1981年、泉晴紀とのコンビ「泉昌之」としてマンガ誌『ガロ』でデビュー。以後、マンガ執筆・原作のほか、エッセイ、デザイン、音楽など多方面で旺盛な創作活動を続けている。谷口ジローとの共著『孤独のグルメ』は映像化され、現在までテレビシリーズとして絶大な人気を博している。著書は『久住昌之の終着駅から旅さんぽ』（天夢人）『勝負の店』（光文社）『麦ソーダの東京絵日記』（扶桑社）など多数。また、実弟・久住卓也とのユニットQ.B.B名義で『古本屋台2』（本の雑誌社）などがある。

わたしの旅ブックス

054

新・佐賀漫遊記

2024年6月13日　第1刷発行
2024年7月30日　第2刷発行

著者――――――久住昌之

デザイン・DTP―西野直樹デザインスタジオ

編集――――――佐々木勇志（産業編集センター）

発行所―――――株式会社産業編集センター
〒112-0011
東京都文京区千石4-39-17
TEL 03-5395-6133　FAX 03-5395-5320
https://www.shc.co.jp/book

印刷・製本 ―――株式会社シナノパブリッシングプレス

ISBN978-4-86311-406-7 C0026